Por Chana Mason

Derechos de Autor 2020 por Chana Mason.

Todos los derechos reservados.

Entonces, si estás considerando reclamar alguno de mis trabajos como tuyo, aterriza ese pensamiento. Si estás pensando en copiar o distribuir su contenido sin el expreso permiso del autor, piénsalo de nuevo. Si quieres citar el libro, compartir lo que has aprendido, prestárselo a un amigo, usar las herramientas en tu práctica, o chismosear sobre su contenido en tu show o podcast, estás pensando en la dirección correcta.

Un agradecimiento especial a los increíbles diseñadores que hicieron este proyecto hermoso y divertido.

Diseño interior: Zoran Maksimović
Diseño de portada: Rade R.
Ilustraciones: Eduardo Comoglio
Traducido por Jessica Rotterman
Aprende más en Hold.ChanaMason.com

Para mi mamá, Lucy Gateño,
Por creer en mí, incluso cuando yo misma no lo hacía.

Contenido

6 Prólogo

8 **SABOR A INDAGACIÓN**

14 Reuniendo Pensamientos:
IDENTIFICANDO TU PENSAMIENTO

16 La Charla
22 La Encuesta
30 El Banco De Pensamientos
40 Cajero Automático
50 Torre De Babel
54 Mesa De Solo Posrtes
58 La Carrera De Obstáculos

64 Palabras Parasufrir Por:
DISECANDO TU SUFRIMIENTO

66 "Debería" Se Va Por El Inodoro
74 Pescando Problemas
82 Monstruos Bajo La Cama
90 Atrapado En Medio Del Drama
98 Estudio De Doble Enlace
106 Peso Muerto

114 Reacción/ Contracción:
EXPERIMENTANDO TU SUFRIMIENTO

116 La Anatomía De La Retroalimentación
120 El Buffet De Experiencia
130 La Máquina Del Tiempo
138 No Hay Asunto Como Tus Asuntos
148 El Tribunal
156 El Bucle De La Adicción Y
El Torbellino De Agresión

166 Un Nuevo Par De Lentes:
VOLCANDO TU SUFRIMIENTO

168 El Pequeño Trol Verde
174 Lecciones De Tu Oponente
182 Superhéroe En Acción

187 Epílogo
188 Bibliografía

Prólogo

Les cuento las buenas noticias: todos somos, incluido tú, innatamente íntegros y saludables. A veces, hay una barrera sofocando nuestra vibra natural y claridad mental. La mayoría del tiempo, lo que nos está deteniendo, es un pensamiento o una creencia. A través de la Indagación, el proceso de preguntar buscando la verdad, podemos dar un paso atrás y cuestionar nuestras creencias y el sufrimiento que nos generan. Una vez que logramos identificar un pensamiento, desenredando nuestra mente y observándolo desde afuera, podemos encontrar el camino de vuelta hacia nosotros.

La mayoría de nuestras creencias viven sumergidas y amontonadas en el subconsciente de nuestra mente. El foco del proceso de Indagación, es destellar una luz tan brillante a ese montón como sea posible, cuestionando la veracidad de nuestro pensamiento y escogiendo creencias que nos traigan más claridad y placer. En este libro, comparto herramientas para realzar esa luz. Tú las puedes usar para facilitar tu propia Indagación con una libreta en mano, procesando tus pensamientos con un amigo, o en un entorno terapéutico como un coach o consejero.

En la primera sección, **Colección de Pensamientos,** vamos a explorar herramientas para identificar los pensamientos que nos están causando molestia. En la segunda sección, **Palabras para Sufrir,** vamos a darle luz a los patrones de lenguaje que nos llevan por callejones oscuros dentro de nuestra propia consciencia. La tercera sección, **Reacción Contracción,** nos va ayuda a entender las reacciones a nuestro pensamiento y cómo esas reacciones nos pueden llevar a creencias aún más destructivas. En la cuarta sección, **Un par de Lentes Nuevos,** exploraremos cómo nuestras creencias limitantes ocultan lecciones que nos pueden ayudar a convertirnos en mejores seres humanos.

    Los diálogos en este libro no son ni transcripciones aproximadas ni una colección por partes de conversaciones reales con clientes. Todos los nombres y características identificables han sido cambiados para proteger su privacidad.

    He tenido participantes en mis talleres con títulos y grados avanzados en psicología que aparecen frustrados por la sencillez del proceso de Indagación -es difícil para ellos imaginarse que sus clientes pueden encontrar sanación por medio de un puñado de preguntas simples- pero, yo he visto con mis propios ojos a clientes sufriendo desde ataques de pánico hasta desordenes alimenticios, encontrar paz y alivio en su corazón simplemente cuestionando su manera de pensar.

    Te bendigo, para confiar en que todo lo que necesitamos saber para encontrar nuestra felicidad ya lo tenemos dentro de nosotros. Haciendo preguntas, abrimos un espacio para darle brillo a nuestros canales de entendimiento y que resurjan en la superficie, guiándonos a la comprensión, compasión, paz y al placer.

    Si te has beneficiado de cualquiera de las enseñanzas compartidas en este libro, o si tienes herramientas o ideas propias, me *encantaría* escuchar de ti.

Deseándote muchas alegrías,
Chana Mason
Jerusalen, Israel

Visita mi página en **ChanaMason.com**
Puedes enviarme un correo a **ChanaMason@gmail.com**

SABOR A INDAGACIÓN

*Mi primer pensamiento era siempre un cigarrillo.
Todavía lo es, pero no he pecado.*

—Frederik Pohl

"**N**o entiendo esto de la Indagación" le dije a mi amiga Noga. "¿Por qué querría cambiar mi idea sobre algo que sé que es absolutamente cierto?"

"¿A qué te refieres?" ella preguntó.

Aproximadamente una hora antes, yo estaba parada en la estación de bus esperando a que mi pequeño de 5 años llegara a casa del kínder. A mi alrededor había unas pocas personas más, pero yo sólo le estaba poniendo atención a una de ellas: un chico en sus 20s vestido con pantalones marrones, una camiseta ancha y audífonos. Se estaba fumando un cigarrillo. Justo ahí, en *mi* parada de bus. ¡El descaro!

Lo miré fijamente, hirviendo. ¿Cómo se podía parar tan cerca de un montón de gente y fumar de esa manera? ¿Cómo podía infestarnos a todos con su veneno de segunda mano? ¿No se enteró sobre la advertencia de La Secretaria de Salud de los Estados Unidos? ¿Acaso no sabía lo malo que era fumar para él?

Si hubiera sido una caricatura, no hubiera parado de salir humo de mis orejas, y la parte de arriba de mi cabeza hubiera explotado como la tapa de una olla a presión. Apenas mi hijo se bajó del bus, nos precipitamos para llegar a casa y caminé tan rápido como pude hacia donde Noga.

"Entonces", me preguntó, "¿Qué crees que te puso tan enojada de toda la situación?"

"¿Qué quieres decir con, ¿qué es lo que creo? El tipo estaba fumando. ¡Fue tan asqueroso!"

"¿Entonces tú crees que él no debería haber estado fumando?"

"Sí. Exacto."

"Ahí tienes. Tú crees que él no debería fumar. Por eso es que estás tan molesta."

"Pero él no debería fumar," resoplé. "Eso es un hecho. ¿Tienes alguna idea de cuántos estudios han realizado mostrando la conexión entre los cigarrillos y el cáncer, enfermedades del corazón, sin mencionar enfisemas? Y-"

"Lo que me estás diciendo, es que tienes muchas razones para creerte tu historia sobre que él no debería fumar."

"Montones."

"Pero ¿Cuál es la realidad?"

De repente me detuve en seco. "Qué quieres decir?"

"¿Qué es lo que este hombre hacía *realmente*?"

"fumar".

Noga sonrío. "Sí".

"No entiendo".

"Por qué no hacemos E*l Trabajo* en este pensamiento, y ver si así puedes ganar algo de claridad.

Recientemente Noga me había regalado *Amando lo que es* de Byron Katie. Yo ya me había leído montones de trabajos hechos por Barry Neil Kaufman y había aterrizado la premisa de que los pensamientos forman nuestro mundo, pero no había la había internalizado aún. No solo eso, yo peleaba en contra de la Indagación, igual que un gato de Jerusalén en medio de territorio en guerra. Había tantas cosas que argumentar: ¿Cómo era posible que mis pensamientos no fueran *yo*? ¿Cómo algo puede no ser cierto cuando se *siente* tan verdadero? ¿Cómo se supone que *no debo preocuparme* sobre cosas; eso no implicaría que no me importa? Afortunadamente para mí, mi amiga era paciente.

En los siguientes capítulos, voy a expandir sobre cada pregunta y herramienta que ves aquí abajo. Por ahora, disfruta del paseo.

*Noga: É*l no debería fumar – ¿Es eso cierto?

Esta es la primera pregunta en el proceso de Byron Katie de cuatro preguntas, *El Trabajo*.

Chana: ¡Si!

Noga: ¿Puedes saber con toda certeza que es cierto que él no debería fumar?

Chana: ¿Necesito mencionar la ciencia de nuevo?

Noga: Tomaré eso como un sí. ¿Y cómo reaccionas cuando te crees ese pensamiento?

Chana: Me indigna. Mis puños se cierran. Mi pecho se contrae.

Noga: ¿Qué eres incapaz de hacer cuando crees ese pensamiento?

Chana: No puedo pensar con claridad. No puedo… ¡Ay! (me di un golpe en la frente). Yo solo me paré ahí respirando el humo. Hubiera podido moverme, o pedirle que parara, pero no lo hice. Cuando creo el pensamiento, no puedo cuidar de mí del todo.

Noga: Entonces, ¿En qué asunto estás metida cuando crees que él no debería fumar?

Chana: ¿Huh?

Noga: ¿Te estabas enfocando en lo que tú puedes controlar, o en lo que él controla?

Chana: Oh. Okey. Estaba metida en sus asuntos. Yo no puedo controlar si él fuma o no.

Noga: Es por eso que te quedaste quieta. Cuando te permitiste entrometerte en sus asuntos, no quedó nadie para cuidar de ti. Ahora vamos a la última pregunta. Respira profundo e imagina que estás en la parada de bus. ¿Cómo estarías sin el pensamiento?

Chana: Estaría más calmada. Simplemente esperando a mi hijo. Probablemente hubiera caminado un poco para alejarme y no tener que respirar el humo.

Noga: Bien. Ahora démosle la vuelta. ¿Cuál es el opuesto de que él no debería fumar?

Chana: ¿Qué sí debería fumar? ¡Pero eso es una locura! No puedo creer eso- no es sano fumar.

Noga: ¿Por qué no tratas de buscar una razón de por qué podría ser verdad?

Chana: No puedo. Ayúdame.

Noga: Okey. Que tal, que quizás, si él no fumara, ¿Usara una droga mucho más peligrosa o alcohol?

Chana: No pensé en eso. De pronto ha pasado por cosas difíciles y fumar le ayuda a sobrellevar la situación.

Noga: Exacto. ¿Me puedes dar otra razón?

Chana: Tal vez a él no le importa que sea malo para él. Puede ser que le guste.

Ese pensamiento me dio escalofríos, pero debía admitir que conocía fumadores quienes amaban sus cigarrillos más que a nada.

Noga: Fantástico. Encontraste tres. ¿Qué otro giro le puedes dar? Trata de cambiar al sujeto esta vez.

Chana: ¿Yo no debería fumar? Pero yo no fumo.

Noga: Y esa es una razón por la cual no deberías: porque no es la realidad. ¿Puedes darme otra?

Chana: No soporto el olor. Y fumarlo me hace toser.

Noga: Podríamos ser más creativas en esta. En mi parecer, en esta situación tú estabas fumando bastante.

Chana: ¿Yo? ¿Cómo?

Noga: Me dijiste que te molestaste tanto, que te salió humo por las orejas.

Chana: Ah, sí.

Noga: Y aunque él ya hace rato se fue, todavía sigues pensando en él. Por lo que sabemos, él no ha fumado el resto del día-

Chana: Pero él está fumando uno tras otro cigarrillo en mi cabeza.

Noga: Exacto. Y hay otras cosas que tú usas de la misma manera que este hombre usa sus cigarrillos…

Chana: (me mordí el labio) Cómo mi celular o quedarme despierta hasta tarde…o el chocolate.

Noga: Tú pensaste que era muy fácil para él. (Las dos nos reímos.)

Chana: Entendido. Entonces él debe fumar y yo… debo trabajar en no fumar – no a él, no a mis adicciones, no a mi ira.

Noga: Y cuando puedas controlar todo eso, me puedes enseñar cómo lo hiciste.

Chana: No sé si alguna vez podré hacerlo

Noga: Tampoco él. En serio, están iguales.

Chana: Supongo que podría tener más compasión hacia él.

Noga: Esa podría ser una forma más amable de vivir.

Esa conversación fue un punto de giro en mi vida. Por primera vez, pude saborear qué tan poderoso puede ser cuestionar mi manera de pensar. He estado enganchada desde entonces.

Reuniendo Pensamientos:
IDENTIFICANDO TU PENSAMIENTO

Somos adictos a nuestros pensamientos. No podemos cambiar nada si no podemos controlar nuestro pensamiento

—Santosh Kalwar

Si eres como muchos de mis clientes, algunas veces te sientes un poco raro y desbalanceado sin saber exactamente por qué. Puede ser que seas capaz de adjudicar tu frustración a una persona o situación específica, pero no estás claro sobre cuáles pensamientos te están tirando hacia abajo. Espero, que para este momento hayas llegado a entender (aunque tal vez no a vivirlo completamente) lo real que es nuestra respuesta a la vida, nuestra historia al respecto y que no es la circunstancia la causa de nuestro sufrimiento. Una vez que puedas identificar los pensamientos que construyen tu narrativa, puedes separarlos, inspeccionarlos, guardar lo que te sirve, y abandonar o rehacer lo que te está haciendo sufrir.

La clave para trabajar en nuestros pensamientos, es poder concretar exactamente lo que estos pensamientos son. En esta sección, vamos a cubrir una serie de herramientas para ayudarte a recoger las creencias que tienes acerca de una situación o persona; profundizar en descubrir tus pensamientos más ocultos sobre ti mismo, la vida, y todo lo que es sagrado; e identificar con los que puedas trabajar para crear el cambio más significativo en tu experiencia emocional.

La Charla

Una herramienta para reunir pensamientos evidentes o implícitos expresados por la corriente de consciencia del orador.

> *Cómo piensas, así serás.*
>
> —Wayne Dyer

A menudo, la gente no sabe exactamente qué los está bloqueando para poder avanzar. Pueden no saber cómo identificar su pensamiento o tienen miedo de los pensamientos nadando debajo de la superficie. Esto puede conducir a algunos diálogos muy "bla". Advertencia: si tratas de trabajar en un pensamiento "bla", vas a obtener resultados "bla". **La Charla,** es una excelente herramienta para identificar los problemas más grandes que se esconden debajo de esa superficie.

Jane entró a mi oficina incapaz de calmarse lo suficiente para poder sentarse. Se tambaleó de un lado a otro mientras respondía mi "¿cómo estás?" Con, "No sé."

Chana: Qué quieres decir cuando dices, "¿No sé?"

Jane: Sólo eso, me siento alterada, un poco. Bueno, no exactamente alterada… más como, frustrada.

Chana: Entonces estás frustrada. ¿Sobre qué?

Jane: No creo que frustrada sea la palabra. Más como -inquieta.

Jane tiene una colección de emociones que está luchando por identificar, saltando de una a la otra. Podemos seguir jugando a ponerle cola a la emoción, o pasar a lo que yo considero un ejercicio más útil: ponerles cola a los pensamientos.

Un principio básico de la Indagación es que cada emoción es provocada por un pensamiento. Para Jane, experimentar una colección de emociones dolorosas, significa que está creyendo todo un estofado de pensamientos dolorosos. Reconocer estos pensamientos es el siguiente paso más útil:

Chana: ¿Qué pensamientos están causando que estés alterada ahora mismo?

Jane: No estoy segura. Estoy molesta con mi hermana. Algo pasó ayer.

Jane no sabe en un nivel consciente qué pensamientos específicos le están causando su molestia; por el contrario, hay una historia completa alimentando sus emociones, y esa historia tiene un montón de creencias como base. Escuchando la historia, puedo usar mi perspectiva externa para identificar estos pensamientos y reflejarlos de vuelta a Jane.

Invité a Jane a charlar y saqué todos los pensamientos que declaró abiertamente y los que pude escuchar entre líneas. Charlar, le dio a Jane la oportunidad para hablar libremente sin tener que filtrar sus palabras o tener que entender cognitivamente cada motivo. Vas a ver la historia de Jane en la parte izquierda. Cubre el Banco de Pensamiento que formulé en la parte derecha, y escribe abajo qué pensamientos estimas que Jane creyó mientras contaba su historia. (Ahondaremos en el concepto de Banco de Pensamiento en un par de capítulos. Por ahora, es suficiente que sepas que es una colección de pensamientos o creencias.) Una vez que hayas terminado, echa una mirada a mi colección.

Historia de Jane

Katlyn vino a visitarme ayer. En el minuto en el que cruzó la puerta, empezó a recoger los juguetes de los niños y a ponerlos en baúl de juguetes. Luego entró a mi cocina y lavó los platos. Ni siquiera me preguntó si quería que hiciera todas esas cosas. Me hizo sentir tan incómoda -como si ella pensara que soy una perezosa. Nos sentamos a almorzar, y mientras yo le contaba sobre la pelea de Johnny con su entrenador de baseball, levantó los platos y los llevó a la cocina. Es como si fuera mi mamá o algo así. Ella no piensa que puedo cuidarme sola. Sus hijos ya crecieron, entonces ahora tiene que cuidarme a mí. Es tan vergonzoso. ¿Por qué no puede creer en mí? Ella ni siquiera confía que puedo cuidar de mis hijos. Me preguntó si quería que ella fuera al siguiente juego de Johnny en lugar de que fuera yo. Mi cara se puso tan caliente. Incluso después de tantos años, ella solo piensa que soy una bebé.

Banco de Pensamiento

No necesito ayuda.	Katlyn es curiosa.
Yo debería poder hacer todo por mi cuenta.	Katlyn piensa que soy una niña.
Mi hermana piensa que soy un desastre.	No puedo cuidar de mis hijos.
Ella no debería limpiar sin preguntarme.	Katlyn piensa que no puedo cuidar de mis hijos.
Katlyn piensa que soy perezosa.	Soy una bebé.
Soy perezosa.	No soy capaz.
Mi casa es un desastre.	Katlyn es insensible.
No puedo cuidar de mí.	Katlyn no confía en mí / no cree en mí.
Katlyn es abrumadora.	

Cuando terminó de contar su historia, le leí mi lista. Ella me dejó saber qué pensamientos se sentían como verdaderos y cuáles eran irrelevantes. Yo quería trabajar en los más poderosos para tener el mayor impacto durante nuestra sesión. Las creencias más inquietantes, son las que cuando se derrumban, pueden sacudir nuestra perspectiva al máximo.

Chana: ¿Qué pensamiento se siente como el más verdadero y el más doloroso al mismo tiempo?

Jane: Katlyn piensa que soy perezosa.

Procesamos la creencia de Jane sobre su hermana usando El Trabajo de Byron Katie. El Trabajo está compuesto por cuatro preguntas:

1. ¿Es cierto?

2. ¿Puedes saber con toda certeza que es cierto?

3. ¿Cómo reaccionas cuando te crees el pensamiento?

4. ¿Quién o cómo serías sin el pensamiento?

Luego nos pide identificar tantos giros (opuestos) al pensamiento como podamos y ofrecer al menos tres razones por las cuales el nuevo pensamiento es tan cierto o más cierto que el original.

Chana: ¿Es verdad que Katlyn piensa que eres perezosa?

Jane: Si.

Chana: ¿Puedes saber con toda certeza que es cierto?

Jane: Hmm…Supongo que no puedo estar segura.

Chana: y ¿Cómo reaccionas cuando crees que Katlyn piensa que eres perezosa?

Jane: Quiero desaparecer. Y al mismo tiempo, quiero gritarle.

Chana: ¿Algo más?

Jane: Mi cuerpo se pone caliente y tenso. No logro disfrutar a mi hermana; solo quiero evadirla cuando viene a visitar.

Chana: Ahora, toma una respiración profunda e imagínate en casa con tu hermana. Está lavando los platos y el pensamiento de que Katlyn cree que eres perezosa no está ahí. ¿Cómo estarías sin el pensamiento?

Jane: Oh. Es cómico. Estaría aliviada. No sabía cómo iba a lograr lavar los platos ese día. Cuando ella terminó, mi cocina estaba limpia y fue mucho más fácil preparar la cena. Wow. Creo que ni siquiera le dije "gracias".

Chana: ¿Algo más?

Jane: Si. Estaría más relajada. Más calmada. Más abierta a conversar y conectar con ella.

Chana: Vamos a darle la vuelta. ¿Cuál es el opuesto a "Katlyn piensa que soy perezosa"?

Jane: Katlyn no piensa que soy perezosa.

Chana: Dame tres razones por las que eso es igual o más verdadero que tu creencia original.

Jane: Ella nunca lo dijo. Tenía una sonrisa en su cara mientras estaba lavando los platos.

Chana: Una más.

Jane: Ja. Acabo de pensar en algo… Cuando sus hijos eran pequeños, su casa estaba bastante desordenada. Quizás ella simplemente piensa que soy una madre con niños pequeños y eso es una situación desordenada.

Durante la sesión, Jane exploró más giros:

Yo pienso que soy perezosa.

Katlyn piensa que soy ordenada.

Katlyn piensa que soy perezosa y eso está bien.

Jane salió de nuestra sesión sintiéndose más tranquila. Ver todas las creencias de su charla en papel, la ayudó a verlas con ojos más frescos. Entendió por qué estaba tan molesta y pudo continuar cuestionando sus suposiciones sobre ella misma y su hermana hasta sentir compasión y tranquilidad.

> Usa **La Charla** cuando quieras expresar tus pensamientos de una manera normal y cómoda, de la misma manera en cómo los compartirías con un amigo. No tienes que ponerte la "capa de Indagación" mientras cuentas tu historia -puedes hacer eso luego. Pero recuerda que el objetivo de contar la historia es sacar los pensamientos para Indagación - no es simplemente una conversación de café entre amigos. Una vez que elijas un pensamiento para trabajar, mantente enfocado en la Indagación y no te hundas de nuevo en la narrativa. Luego, usa la colección de pensamientos que has recogido como guía hasta que sientas que el asunto está resuelto.

Descarga una hoja de trabajo sobre la Charla en
la Sección de Bonos Gratis de mi página Web:

Hold.ChanaMason.com/bonus

La Encuesta

Una compilación de creencias limitantes comúnmente sostenidas que revelan rápidamente los desafíos que enfrentan los clientes.

> *Que liberación darse cuenta de que*
> *"la voz en mi cabeza" no es quien soy.*
> *¿Quién soy entonces? El que la ve.*
>
> - Eckhart Tolle

Otra herramienta fabulosa para identificar pensamientos es La Encuesta, que me encanta usar con mis clientes. Es también mi herramienta absolutamente favorita cuando hago sesiones grupales. En lugar de encontrar pensamientos únicos dentro de ti, La Encuesta hace lo opuesto. Utiliza un conjunto de creencias universales que muchos de nosotros tenemos en un grado u otro.

Antes de discutirlo más, déjame mostrarte cómo funciona tratándolo tú mismo.

Pretendamos que eres un nuevo cliente. Por favor completa el siguiente ejercicio antes de continuar. Sólo tomará un par de minutos. ¡Qué te diviertas!

A continuación, hay una lista de pensamientos que persisten en la mente de muchas personas. Califica tu nivel de creencia en cada afirmación desde 1 = No me identifico a 10 = Me identifico con firmeza. No pienses demasiado en tu respuesta; simplemente escribe un número que se relacione con tu primera reacción visceral.

1. El cambio es difícil. _____
2. No puedo confiar en las personas. _____
3. Debería trabajar más duro. _____
4. No me pueden querer. _____
5. No estoy seguro. _____
6. Si la gente me conociera, no les agradaría. _____
7. Hay algo mal conmigo. _____
8. La vida es injusta. _____
9. No soy lo suficientemente talentoso. _____
10. Soy un fraude. _____
11. Sí sólo tuviera el aspecto correcto, sería feliz. _____
12. Tengo que cuidar a todos los demás. _____
13. No es realista perseguir mis sueños. _____
14. No puedo confiar en mí mismo. _____

15. Tengo que ganarme la felicidad. . . . . _____
16. Soy perezoso. . . . . _____
17. No tengo suficiente experiencia para obtener lo que quiero. . . . . . _____
18. Importa lo que la gente piense de mí. . . . . _____
19. Mis padres no me amaban/no me aman. _____
20. Estoy atrapado. . . . . _____
21. Nadie me entiende. . . . . _____
22. No continúo con lo que empiezo. . . . . _____
23. No soy lo suficientemente bueno. . . . . _____
24. No merezco ser feliz. . . . . _____
25. Confiar en las personas es difícil. . . . . _____
26. Necesito saber cómo van a salir las cosas antes de empezar. . . . . _____
27. La gente que es feliz está fingiendo. . . . . _____
28. No puedo venderme. . . . . _____
29. La gente que es feliz es superficial. . . . . _____
30. La vida es dura. . . . . _____

¿Cómo te fue? ¿Encontraste creencias que no sabías que estaban escondidas en tu closet?

La encuesta anterior es una versión condensada de una que he usado en mis talleres y sesiones como herramienta de evaluación. Se basa en una encuesta de riqueza y éxito escrita por T. Harv Eker para su seminario Mente Millonaria. Asistí al taller con mi esposo y mi hijo preadolescente, y después de que todos la completamos, mi hijo preguntó si podíamos comparar notas. Nos reíamos cada vez que alguno de nosotros obtenía un puntaje alto en creencias como "las personas ricas son deshonestas", lo que ayudó a desinflar todo el miedo y la tensión alrededor. Mi hijo observó conscientemente las creencias limitantes de sus padres alrededor del dinero y lo que podría estar deteniéndonos de recibir abundancia. Esto le dio la oportunidad de evaluar la validez de estas creencias antes de que pudieran arraigarse profundamente en su subconsciente como adulto. Esta experiencia es solo una de las muchas razones por las que me encanta La Encuesta.

Beneficios del proceso de La Encuesta.

1. **La mayoría de la gente cree que sus pensamientos son únicos o están avergonzados de ellos.** Tener pensamientos impresos en papel, deja claro que son comunes. Podemos fácilmente hablar de ellos sin querer escondernos en un rincón.

2. **Puede tomar semanas o meses descubrir tus creencias subconscientes sin una encuesta.** Empezar con una, te da una base sólida para descubrir las creencias que más resuenen y te ahorra tiempo para llegar al fondo de tus conflictos.

3. **Puedes crear encuestas sobre temas específicos para descubrir los patrones de una creencia.** Por ejemplo, un asesor de citas y yo, desarrollamos una encuesta de creencias relacionadas con las citas y las relaciones. Estamos rápidamente preparados para ver que las está bloqueando. Al llevar estos patrones a la superficie en conjunto, podemos abordar los obstáculos más importantes que enfrentan nuestros clientes desde el primer momento. Puedes acceder a encuestas sobre temas específicos que he creado en Hold.ChanaMason.com/bonus

4. **Son fáciles de usar.** En cinco minutos, puedes descartar cualquier pensamiento que encuentres ridículo o darle un 10 a aquellos que crees que son absolutamente ciertos.

5. **Puedes usarlos como punto de referencia para medir tu progreso.** Les hago a mis clientes volver a tomar la encuesta cada dos sesiones. Podemos ver tangiblemente cuánto han cambiado en sus creencias y donde aún queda trabajo por hacer. Te sugiero que hagas esto también.

Le ofrecí una encuesta de salud a una clienta mía; la vamos a llamar Wendy. Ella llegó a mi porque quería perder peso y temía que su obesidad la llevara a tener enfermedades cardíacas experimentadas por sus padres. **La Encuesta** incluía la declaración "las personas delgadas son superficiales", y fue con la que Wendy se sintió más identificada. Le sugerí que nos enfocáramos el resto de la sesión en indagar sobre esa creencia.

Chana: ¿Es cierto que las personas delgadas son superficiales?

Wendy: Si. Se siente de esa manera.

Chana: ¿Puedes saber con toda certeza que eso es cierto?

Wendy: Hmm. Sin lugar a dudas no. No.

Chana: Y ¿Cómo reaccionas cuando crees que las personas delgadas son superficiales?

Wendy: Me siento amargada y resentida cuando veo gente delgada. Incluso si no los conozco y simplemente los veo caminando por la calle.

Chana: ¿Qué más?

Wendy: Me da ganas de hundirme en mi silla. Realmente no me apetece hacer nada. Se siente pesado. En realidad, me hace sentir más gorda.

Chana: ¿Qué eres incapaz de hacer cuando crees que las personas delgadas son superficiales?

Wendy: No puedo pensar con claridad. No puedo tomar buenas decisiones. Obviamente no puedo comer nada saludable.

Chana: ¿Cómo te beneficias de creer en ese pensamiento?

Wendy: La última cosa que alguna vez quiero ser es superficial. Como esas chicas tontas en secundaria obsesionadas con su pelo y maquillaje.

La próxima pregunta, - y muchas a lo largo de este libro - Siguen el estilo del *Proceso de Opciones*, de Barry Neil Kaufman en el que cuestionamos los supuestos, buscamos aclarar el significado del lenguaje y exploramos la necesidad de nuestras emociones. El objetivo es encontrar respuestas dentro de nosotros mismos. Algunas opciones de pregunta son:

¿Qué quieres decir cuándo dices...?

¿Necesitas sentirte enojado para asegurarte de no involucrarte en ese comportamiento?

¿Tú crees eso?

¿Cómo?

¿Por qué hiciste eso?

¿Cómo te sientes sobre eso?

Aquí, deseo exponer la lógica de Wendy en una simple frase para que ella pueda evaluar si le sirve o no.

Chana: ¿Tienes que creer ese pensamiento que te hace sentir pesada y gorda para poder ser una persona profunda?

Wendy: Oh. Nunca lo pensé de esa manera. Podría seguir leyendo, pensando, sintiendo…

Chana: ¿Puedes alcanzar tus metas de peso y salud creyendo que las personas delgadas son superficiales?

Wendy: Bueno, quiero comer más sano, pero tampoco quiero ser superficial. Ser una persona pensante con sentimientos profundos es muy importante para mí.

Chana: Entonces te has puesto en un **Doble Enlace**. Esa es una situación en la que quieres dos cosas que has hecho mutuamente excluyentes. Quieres ser delgada y saludable, y quieres ser una persona profunda, pero tu creencia sólo permite uno de esos dos.

Wendy: Y ser superficial me parece tan horrible que elegí ser gorda.

Chana: Exacto.

Wendy: Entonces, ¿Cómo puedo cambiar eso?

Chana: Puedes explorar otras maneras de pensar, particularmente aquellas que se oponen al pensamiento que estás creyendo actualmente.

Wendy: Puedo hacer eso.

Chana: ¿Qué es lo contrario de que las personas delgadas son superficiales?

Wendy: ¿Las personas delgadas no son superficiales?

Chana: Si. ¿Me puedes dar tres razones por las que eso es cierto?

Wendy: No. En realidad, no.

Chana: ¿Conoces a alguien que sea delgado y profundo?

Wendy: Si. Si conozco. Están Gene y Pamela y… wow.

Chana: ¿Por qué dijiste "Wow?"

Wendy: Me acabo de dar cuenta de que hay mucha gente. Tan pronto como lo pensé, me percaté de cuántas personas delgadas que son profundas conozco.

Chana: Cada una de esas personas es una razón por la cual es cierto que las personas delgadas no son superficiales.

Wendy: Esas son muchas razones.

Chana: Si. ¿Puedes darle otro giro a que las personas delgadas son superficiales?

Wendy: Las personas gordas son superficiales.

Chana: ¿Por qué es eso cierto?

Wendy: Bueno, puedo hablar por misma. Termino pasando tanto tiempo preocupándome por cómo me veo con mi ropa cuando se siente apretada, y probablemente compro más ropa que mis amigos delgados que se quedan con la misma talla de vestido todo el tiempo.

Chana: Y ¿Una razón más?

Wendy: Hay muchísimas personas gordas que leen la revista People y se arreglan todo el tiempo.

Chana: Que bueno darse cuenta. Hagamos un giro más. De pronto haz que tú seas el sujeto esta vez. Yo…

Wendy: Soy superficial. Ooh. Eso duele. Y puedo ver cómo es verdad. Estoy constantemente mirando cómo se ven los demás o me pregunto qué piensan de mí. Paso más tiempo pensando en la comida y tengo menos energía para hacer cosas porque mi peso me tira para abajo.

Chana: ¿Alguna otra razón?

Wendy: Esto es vergonzoso. Asumo que las personas flacas no son profundas solo por cuánto pesan - ¿Puedo ser más superficial que eso?

Chana: Pusiste dos cualidades humanas, peso y profundidad y las correlacionaste. La pregunta más importante aquí es si necesariamente tienen algo que ver una con la otra. ¿El tamaño físico tiene algo que ver con la profundidad de pensar o sentir?

Wendy: Quieres decir, que si ¿Ser flaco o gordo tiene algo que ver con si eres profundo o superficial?

Chana: Exacto.

Wendy: No cuando me detengo a pensarlo. Puedes ser delgado y ser superficial o profundo. También puedes ser gordo y ser profundo o superficial. Depende más de tu personalidad que de tu marco.

Chana: Entonces, ¿Cuál de estas cualidades quieres para ti?

Wendy: Me gustaría ser delgada y profunda. De esa manera puedo estar saludable, tener energía y contribuir más al mundo.

Chana: Suena como una meta inspiradora.

Al completar una **Encuesta** de salud, Wendy descubrió algunas creencias desafiantes que tenía escondidas debajo de la superficie. Wendy se había quedado atrapada al creer que se estaría perdiendo uno de sus valores fundamentales, ser profunda, si trabajaba en uno de sus objetivos de vida, perder peso. Al involucrarse en la Indagación, pudo ver cuánto sufrimiento le estaba causando esta creencia, como también que tan incierta era cuando la enfrentó de cabeza.

Usa La Encuesta cuando quieras llegar rápidamente al centro de lo que estás enfrentando. Obtendrás fácilmente creencias para indagar. Las Encuestas son versátiles, pueden ser tan largas como quieras y enfocarse en algún tema relevante para ti o tu población de clientes específica. Son excelentes para trabajar con grupos, ya que ilustran que muchos de nosotros estamos luchando con las mismas creencias.

Descarga encuestas de muestra en la sección de Bonos Gratis en mi página web:

Hold.ChanaMason.com/bonus

El Banco De Pensamientos

Una colección de pensamientos o creencias que causan angustia a una persona.

> *Es probable que las personas que no tienen control sobre su proceso de pensamiento, se vean arruinadas por la libertad de pensamiento. Si el pensamiento es inmaduro, la libertad de pensamiento se convierte en un método para transformar a los hombres en animales.*
>
> —Muhammad Iqbal

Cindy llegó a mí porque se sentía infeliz e insatisfecha con su vida.

Chana: ¿Qué te está molestando?

Cindy: Estoy realmente frustrada con las tareas domésticas.

Chana: ¿Qué te frustra de las tareas domésticas?

Cindy: Bueno, quiero que mi casa esté bien cuidada, pero me molesta todo el trabajo involucrado.

Chana: ¿Qué te molesta del trabajo?

Cindy: No lo sé… ¡Simplemente todo! Todo sobre mantener mi casa en orden me molesta estos días.

Debido a la falta de especificidad de Cindy, decido que lo mejor es darle pistas, las primeras palabras de una creencia y que ella complete el resto. Las pistas nos pueden ayudar a aclarar lo que realmente creemos. Para sacar todo en papel rápidamente, sugiero que hagamos un **Banco de Pensamiento** sobre el tema de tareas domésticas. Le pido a Cindy que complete las siguientes oraciones:

Limpiar es _____

Limpiar debería ser _____

En lo que respecta a labores domésticas, yo debería _____

Cocinar es _____

Cocinar debería ser _____

En lo que respecta a cocinar, yo debería _____

No debería tener que _____

Ser ama de casa significa _____

Como ama de casa debería _____

Cindy pudo concentrarse en completar las oraciones y ya no estaba distraída por el desorden en su cabeza sobre el desorden en su casa. Estas son algunas de sus creencias:

La limpieza es un quehacer.

Limpiar debería ser fácil.

No debería tener que recoger lo de todos.

Cocinar debería ser divertido.

Cocinar es abrumador.

Ser ama de casa significa poner a todos los demás primero.

Como ama de casa, siempre debería tener una sonrisa en mi rostro.

En unos quince minutos, Cindy y yo hemos construido un **Banco de Pensamiento** que podremos usar para numerosas sesiones.

Chana: (tras releerle la lista a Cindy) ¿Ahora entiendes por qué estás tan irritada?

Cindy: ¡Oh si! Es un poco difícil no sentirse frustrada cuando esto es lo que tengo adentro.

Chana: Exacto. Ahora echemos otro vistazo a tu lista. ¿Qué pensamiento se siente como el más real y al mismo tiempo el más perturbador?

Cindy: *Ser una ama de casa significa poner a todos los demás primero.*

Chana: Ser una ama de casa significa poner a todos los demás primero. ¿Eso es verdad?

Cindy: Si.

Chana: ¿Puedes saber con toda certeza que es verdad?

Cindy: Se siente así, sí.

Chana: Y ¿Cómo reaccionas cuando crees que ser una ama de casa significa poner a todos los demás primero?

Cindy: Me siento rebelde. Quiero pelear con todos y todo.

Chana: ¿Algo más?

Cindy: Me canso y me da mucha pereza.

Chana: ¿Qué temes que pasaría si no creyeras en el pensamiento?

Cindy: Que no haría nada. Que solo me sentaría a ver basura en la televisión todo el día.

Chana: ¿Creer en el pensamiento te motiva a hacer las cosas?

Cindy: Oh…

Chana: ¿Por qué acabas de decir eso?

Cindy: Me acabo de dar cuenta de que es exactamente lo opuesto de lo que esperaba. Creer que tengo que poner a los demás primero me genera tanta presión, que me escondo detrás de mi revista favorita y pospongo lavar la ropa.

Chana: Respira hondo e imagínate enfrente de la pila de ropa sucia sin el pensamiento de que ser una ama de casa significa poner a los demás primero. ¿Cómo estarías sin él?

Cindy: Más tranquila. Hacer lavandería se siente menos aterrador en realidad.

Chana: ¿Cuál es el opuesto de que ser una ama de casa significa poner a los demás primero?

Cindy: Ser una ama de casa no significa poner a los demás primero.

Chana: ¿Cómo es eso cierto?

Cindy: Cuando estoy enferma, toda la casa se desmorona así que necesito cuidarme.

Chana: ¿Qué más?

Cindy: Si hago todo yo misma, no le doy a mis hijos la oportunidad de ayudar.

Chana: ¿Una tercera razón?

Cindy: Si no hago esto de manera equilibrada, estaré malhumorada todo el tiempo. Creo que mis hijos prefieren tener una casa desordenada que una mamá gruñona. Lo mismo mi esposo, eso seguro.

Cindy y yo exploramos otros cambios hasta que se dio cuenta de que cuidar de ella misma, era la mejor manera de mantener su hogar como un lugar en el que todos, incluyendo ella quisieran estar. Al comienzo de cada una de las siguientes sesiones juntas, le releí la lista a Cindy y tachamos las creencias limitantes que ya no resonaban. Algunas veces encontramos nuevas creencias que agregar a su **Banco de Pensamiento** y las escribimos. Con el tiempo, la lista se redujo a nada y supimos que nuestro trabajo en esta área había terminado. ¡Una ama de casa desesperada, un poco menos desesperada!

Al igual que tu sucursal de banco tiene una reserva de efectivo para retirar, tu cabeza retiene montones de pensamientos sobre todo lo que se te ocurra. Cuando están atrapados en tu mente, es como si estuvieran encerrados en una bóveda. Poner los pensamientos en papel, es como ponerlos en el mostrador del cajero, claramente extendidos frente a ti.

Hace una década, con un grupo de amigas, todas mamás, nos reuníamos todas las semanas para participar y construir habilidades de Indagación. Algunas veces, enfocábamos nuestra energía en una sola mujer y algún desafío que estuviera enfrentando en su vida. Otras veces, queríamos enfocarnos en un área que nos estuviera afectando a todas, como la maternidad. Comenzamos construyendo un Banco de Pensamiento con creencias sobre las que pudiéramos trabajar durante algunas semanas. En una reunión en particular, cada una escribió en la parte superior de su hoja:

Las mamás deberían _____

A esto, colectivamente respondimos:

Las mamás deberían ayudar a sus hijos con las tareas.

Las mamás deberían ser cálidas.

Las mamás deberían cocinar comidas saludables.

Las mamás deberían sonreír todo el tiempo.

Las mamás deberían disfrutar amamantar.

Las mamás deberían ser pacientes.

Las mamás deberían querer a sus hijos todo el tiempo.

Las mamás deberían disfrutar de jugar juegos.

Rápidamente recolectamos toda una colección de creencias que podíamos usar como combustible de Indagación. Por momentos, alguna de nosotras escribía algo que a ninguna se le había ocurrido incluir, pero en el segundo que lo decía todas nos reíamos (o llorábamos) asintiendo. Algunos de los pensamientos hacían a muchas de las mujeres estresarse, pero a mí y a otras nos brindaba una alegría tremenda, cómo, por ejemplo, Las mamás deberían cocinar comidas saludables. Me encanta la salud, la nutrición y la cocina, por lo que para mí es un placer vivir de esa manera. Para otras, la cocina es un lugar aburrido o frustrante, por lo que sentían una frustración tremenda al creer ese pensamiento.

Una mujer, Meredith, estaba particularmente alterada por el pensamiento "Las mamás deberían disfrutar de jugar juegos". Facilitamos el proceso de indagación con ella como grupo, lo que significaba que nos turnábamos para hacer preguntas o compartir comentarios. Por cuestiones de simplicidad, estoy juntando todas nuestras voces en una como: "Grupo":

Meredith: No soporto los juegos.

Grupo: ¿Por qué crees que deberían gustarte?

Meredith: Yo qué sé. Es lo que a los niños les gusta.

Grupo: ¿A ti te gustaban cuando eras una niña?

Meredith: (se ríe) En realidad, no. Nunca me han gustado.

Grupo: Entonces, ¿Por qué asumes que es lo que les gusta a los niños?

Meredith: Supongo que siempre pensé que yo era rara. A toda mi familia le gustaba jugar juegos - a todos menos a mí.

Grupo: Entonces, ¿Fue útil para ti al crecer, tener una madre que creía que, "las mamás deberían disfrutar jugar juegos"?

Meredith: No. Ella seguía queriendo jugar conmigo. Era tanta presión. Pienso que ella creía que los niños deberían disfrutar de jugar juegos, pero esa no era yo.

Grupo: ¿Cómo reaccionas cuando crees que deberías ser tú?

Meredith: Me pongo rígida. Mi cuello se tensa.

Grupo: ¿Algo más?

Meredith: Si, es como si me hubieran dado un puñetazo en el estómago.

Grupo: ¿En qué asunto estás metida cuando crees que deberías disfrutar de jugar juegos? (Tu **Asunto** es aquel del que tienes control total y poder para cambiar. Profundizaremos sobre este concepto en el capítulo de **No hay Asuntos como tus Asuntos.**)

Meredith: Pareciera que estoy en mis asuntos, pero en realidad, es más como si estuviera en los asuntos de mis hijos - como si fuera a arruinar sus vidas si no juego con ellos. No puedo estar segura de que jugar juegos es lo que necesitan de mí.

Grupo: ¿Por qué no tratas de darle la vuelta? ¿Qué es lo contrario a que deberías disfrutar de jugar juegos?

Meredith: No debería disfrutar de jugar juegos.

Grupo: ¿Por qué?

Meredith: Bueno, porque no disfruto.

Grupo: Dos razones más…

Meredith: Porque les leo muchos libros y quizás si jugáramos juntos, eso no sucedería tanto.

Grupo: ¿Qué más?

Meredith: Estoy atascada. ¿Alguna tiene más ideas?

Grupo: Yo sí. He estado tratando de enseñarle a mi preadolescente a buscar ayuda externa cuando necesita algo. Simplemente no tengo tiempo de ayudarlo con todos sus proyectos. Entonces para mí, otra razón para no hacer algo que les guste a tus hijos es para que puedan aprender a satisfacer sus necesidades. No sé si es saludable tener solo a una persona como guía para todo.

Meredith: Nunca había pensado en eso. Me gusta.

Grupo: Yo tengo otra. Odio cuando mi mamá es falsa conmigo y pretende interesarse en algo que ella encuentra aburrido. Prefiero que me diga que no le interesa y conectar con algo que a las dos nos guste.

Meredith: Entonces ¿Está bien que no me guste jugar juegos?

Grupo: ¿Esa es la verdad?

Meredith: Si.

Grupo: Esa es la mamá que tus hijos obtuvieron.

Meredith: Todavía de alguna manera se siente como si no fuera suficiente.

Grupo: ¿Qué no es suficiente?

Meredith: Ellos quieren jugar conmigo y yo no. Yo sé que eso los pone tristes.

Grupo: La pregunta más grande es sobre creatividad. ¿Eres tú la única manera en la que ellos pueden satisfacer esa necesidad?

Meredith: ¿Quién jugaría juegos con mis hijos?

Grupo: Tengo una idea. Tu les lees a tus hijos, pero no juegas con ellos. Yo odio leer en voz alta. ¿Qué tal si mandas a tus hijos a mi casa para jugar y les lees a los míos?

Meredith: ¡Trato hecho!

El **Banco de Pensamiento** acercó a mi grupo de mujeres mucho más. Vimos cuántas similitudes compartimos y nos sentimos menos aisladas. Indagamos muchas de las creencias como colectivo, lo que hizo que el proceso se sintiera más liviano y divertido, y como el **Banco de Pensamiento** estaba en papel, pudimos volver a él como referencia en cualquier momento.

Nota: El propósito del **Banco de Pensamiento** es recolectar creencias para la indagación. Es crucial cuando se explora la creencia que se basa en una situación específica. Las mamás deberían ser cálidas es mejor indagado cuando estoy visualizando el día que estaba en la cocina, agotada y limpiado el arroz quemado cuando mi hijo entró por la puerta regresando del colegio. La especificidad me permite precisar no sólo mi colección de creencias en torno a un evento, sino también un conjunto tangible de reacciones a esas creencias.

Usa el **Banco de Pensamiento** cuando quieras sacar a carne viva todas tus creencias sobre un tema. **La Charla** se teje muy bien con el **Banco de Pensamiento**. Es también una herramienta fantástica para facilitar en terapia de grupo o talleres. El proceso une a los miembros del grupo y los ayuda a disipar cualquier identificación o vergüenza alrededor de los pensamientos que creen.

Descarga una hoja de trabajo de **Banco de Pensamiento** de la sección de **Bonos Gratis** en mi página web:

Hold.ChanaMason.com/bonus

Cajero Automático

La clave para entrar al cajero es preguntarnos: Y Eso Significa. Esto da acceso a creencias limitantes que subyacen a las palabras que estás expresando.

> *En el espacio entre el estímulo (lo que sucede) y cómo respondemos, reside nuestra libertad para elegir. En definitiva, este poder de elegir es lo que nos define como seres humanos. Podemos tener opciones limitadas, pero siempre podemos elegir. Podemos escoger nuestros pensamientos, emociones, estados de ánimo, nuestras palabras, nuestras acciones; podemos elegir nuestros valores y vivir según principios. Es la elección de actuar o que actúen por nosotros.*
>
> —Stephen Covey

Eileen sufría de frecuentes ataques de pánico y una ansiedad de bajo nivel, pero constante. Estos sentimientos eran abrumadores y bloqueaban su capacidad de pensar con claridad y vivir con propósito. Tuvimos la siguiente sesión, el día después de un ataque particularmente intenso.

Eileen: He estado en la búsqueda de un apartamento, y es muy estresante.

Chana: ¿Por qué es estresante para ti?

Eileen: Porque muchas veces el arrendador firma con otra persona antes de yo llegar a ver el lugar. O encuentro un espacio increíble con tres habitaciones, pero por ahora solo tengo un compañero de casa.

Chana: ¿y por qué eso es estresante?

Eileen: Porque no sé lo que va a pasar.

Chana: ¿y por qué es un desafío?

Eileen: ¡Porque no tengo nada de control!

Hasta ahora, podemos recoger algunas de las creencias de Eileen:

Ella necesita saber qué va a pasar.

Ella no está en control.

Ella necesita tener resuelta la situación de su compañero de casa antes de firmar cualquier cosa.

Mirar departamentos puede ser una pérdida de tiempo.

Es más fácil enfocarse en un pensamiento a la vez, entonces pidámosle a Eileen que escoja con el que más se identifica:

Eileen: Segurísimo el hecho de que no tengo control.

Chana: No estás en control. ¿Eso es cierto?

Eileen: ¡Si! ¡Totalmente!

Chana: ¿Puedes saber con toda certeza que es verdad que no estás en control?

Eileen: Si.

Chana: ¿Cómo reaccionas cuando te crees el pensamiento de que no tienes control?

Eileen: Mi pecho se aprieta. Es difícil respirar. Mi visión se nubla.

Chana: ¿Qué más?

Eileen: Quiero poner mis manos sobre mi cabeza y esconderme debajo de mi cama. Es como si todo el mundo se derrumbara.

Chana: Toma una respiración profunda. Bien. Ahora imagínate que estás en la misma situación, pero el pensamiento de que no estás en control no está ahí. ¿Quién eres sin él?

Eileen: Solo soy yo, supongo. Mi cuerpo se ha relajado. Solo estoy parada en el apartamento que estoy conociendo y disfrutando de cuánta luz tiene. Estoy emocionada de vivir ahí.

Chana: ¿Qué es el contrario de "no tienes control"?

Eileen: Estoy en control.

Chana: Dame tres razones por las que eso es cierto.

Eileen: Puedo decidir en qué centrarme en la situación. Puedo elegir con quien hablo y qué departamentos visito.

Chana: Excelente. ¿Qué más?

Eileen: Yo decido cómo reaccionar ante los propietarios.

Chana: ¿Puedes pensar en otra manera de darle vuelta?

Una de las maneras en que podemos darle la vuelta a una declaración, es reemplazando el sujeto con "mi pensamiento". Nuestra manera de pensar, trae pensamientos a nuestra atención sin nuestro control consciente. Idealmente, queremos que nuestras creencias nos sirvan, no que nos esclavicen, por lo que, al poner el asiento de nuestros pensamientos en su lugar, recuperamos las riendas sueltas.

Eileen: Mi pensamiento no está en control.

Chana: Fantástico. ¿Puedes pensar en tres razones por lo que eso es tan cierto o más cierto que tu pensamiento original?

Eileen: Bueno, mi pensamiento en realidad no puede hacer nada. Simplemente se inventa todas estas posibles situaciones, fallas o problemas. Pero yo soy quien aparece, o firma los contratos o encuentra los compañeros de casa.

Chana: Si. Y ¿puedes pensar en una vuelta más?

Eileen: Um…creo que no…

Chana: Que tal, no estoy en control y -

Eileen: Y ¿eso está bien?

Chana: Si.

Eileen: No. No hay manera. ¡Eso no está bien!

La realidad es que no tenemos control de la mayoría de lo que nos sucede en la vida. Eileen no tiene control sobre los propietarios, compañeros de cuarto, la disponibilidad de apartamentos, o incluso una infestación de cucarachas. Es cierto que ella puede controlar sus reacciones a estas cosas, pero lo que más le molesta a Eileen es que no puede controlar las circunstancias por sí misma. Algo más profundo está sucediendo, algo escondido debajo de la superficie.

Para ayudar a Eileen a entender mejor las creencias que ha almacenado debajo de la superficie, necesitamos sacar otra herramienta de nuestro cajón. Pasemos a su **Banco de Pensamiento** y usemos el **Cajero Automático.** Para eso necesitamos la clave que es… pensar en: **Y Eso Significa…**

Chana: Quizás la idea de que no tienes el control, no es lo que realmente te molesta. Vamos a cavar un poco más profundo. Quisiera que completaras la siguiente oración de tantas maneras como la sientas verdadera para ti. Tú no tienes el control, Y **Eso significa:**

Eileen: Eso significa que…

… estoy en peligro

… las cosas no van a funcionar como yo quiero.

… es el peor de los casos.

… mi ansiedad no va a mejorar.

… no lograré a nivel financiero.

… no encontraré al chico correcto.

… no podré hacerlo.

Le leí la lista a Eileen y le pedí que identificara la declaración que le causara mayor molestia y al mismo tiempo se sintiera como la más verdadera.

Eileen: Estoy en peligro.

Chana: No estás en control y eso significa que estás en peligro, ¿eso es cierto?

Eileen: (Llorando) Si.

Chana: ¿Por qué lloras?

Eileen: Porque tengo miedo.

Chana: ¿Por qué tienes miedo?

Eileen: Supongo que porque sé que no tengo el control. Que todo está fuera de control. Y nadie puede protegerme de toda la locura que hay,

Chana: Entonces si tú no estás en control, ¿eso significa que todo está fuera de control?

Eileen: Si.

Chana: Todo está fuera de control, ¿eso es cierto?

Eileen: Si.

Chana: ¿Puedes saber con toda certeza que eso es cierto?

Eileen: Hmm.

Chana: ¿Por qué dijiste "Hmm?"

Eileen: Hay tantas cosas en el mundo, como pájaros y árboles y el viento y otra gente y lo que hacen. No están bajo mi control, pero parece que hay algún tipo de orden en ellos. No puedo decir con certeza que todo está fuera de control.

Chana: Y ¿cómo reaccionas cuando crees que estás fuera de tu control?

Eileen: Todo mi cuerpo se tensa. Quiero acurrucarme como una pelota debajo de mis cobijas. Es como si el mundo entero fuera a colapsar y cada hombre malo fuera a atraparme.

Chana: ¿Qué eres incapaz de hacer cuando crees que todo está fuera de control?

Eileen: Estoy demasiado asustada y mi cuerpo muy tenso como para hacer algo divertido. No puedo pensar con claridad. ¡Es tan deprimente!

Chana: Aquí hay una pregunta más desafiante: ¿Cómo te beneficias de creer que todo está fuera de control?

Eileen: Es mi trabajo controlar todo. Puedo ser el piloto, el comandante encargado. Se siente realmente poderoso. Como…oh.

Chana: ¿Cómo qué?

Eileen: Como si yo fuera Di-s (Risas).

Chana: ¿Por qué te reíste?

Eileen: No soy para nada como Di-s. Pero creo que mi ego ama la idea de que yo esté en control.

Chana: Retrocedamos un poco. Respira hondo e imagínate de vuelta en la búsqueda de departamentos, sólo que esta vez sin pensar que todo está fuera de control. ¿Cómo estás sin el pensamiento?

Eileen: Me siento mucho más relajada. Hay una parte de mí que sabe que de alguna manera todo va funcionar - aunque no sepa los detalles del cómo.

Chana: Siente eso. Esa es la calma que has estado buscando.

Eileen: Si.

Chana: Y la puedes tener aún sin saber lo que vendrá después.

Eileen: Cierto.

Chana: Entonces démosle la vuelta. ¿Qué es lo contrario de que todo está fuera de control?

Eileen: Que todo está bajo control.

Chana: ¿Cómo es eso cierto?

Eileen: Bueno, volviendo a los pájaros y a los árboles, siguen haciendo lo que ellos hacen y volando y creciendo de una manera que parece ordenada.

Chana: ¿Qué más?

Eileen: Hay un sistema para la búsqueda de departamentos. La gente publica lugares con números de teléfono, y puedo ir a verlos. Tiene sentido en realidad. No es que yo llegue allí y los inquilinos piensen que soy una vendedora de puerta a puerta o algo así. Cuando publican un precio, puedo confiar en que realmente es el precio. En realidad, los propietarios son honestos la mayor parte del tiempo.

Chana: ¿Puedes darme una razón más de por qué todo está bajo control?

Eileen: Si camino por la calle, veo que la mayoría de las personas siguen las reglas y son amables entre sí.

Chana: ¿Qué tal otra vuelta?

Eileen: ¿Todo no está fuera de control?

Chana: Si. ¿Cómo es eso cierto?

Eileen: Bueno… las tiendas abren y cierran a horas fijas, las máquinas generalmente funcionan de la manera que deben hacerlo. Y están esos videos de miles de carros que van a donde necesitan ir, y todo parece como un baile.

Chana: Se te ocurrió eso bastante rápido.

Eileen: Si.

Chana: ¿Cómo?

Eileen: No lo sé. Cuando me hiciste la pregunta, de repente vi todas esas imágenes en mi cabeza de cosas a las que generalmente no le presto atención.

Chana: Le pediste a tu mente por información, y te la dio.

Eileen: Si.

Chana: Eso suena como un sistema bastante confiable.

Eileen: ¡Caray!

Chana: ¿Por qué acabas de decir eso?

Eileen: Tiendo a centrarme en cosas que dan miedo como que el mundo esté fuera de control, y cuando lo hago, veo imágenes de ataques terroristas y accidentes automovilísticos y multitudes. Es como si presionara un botón y mi mente escupiera resultados.

Chana: ¿Qué quieres hacer?

Eileen: Oprimir mejores botones. Quiero concentrarme en que el mundo tiene el control y confiar que estoy a salvo y bien.

Chana: ¿Cómo puedes hacer eso?

Eileen: Hmm…Supongo que cuando camine por la calle y vea carros parando en un semáforo en rojo y todos los pasajeros a salvo, puedo recordarme que es un ejemplo de que el mundo está en control. Puedo hacer eso con muchas cosas.

Chana: ¿Cómo te sientes?

Eileen: Mejor. No sé cómo, pero por mi intuición, sé que lo del apartamento va a resultar. Y mientras tanto, estoy bien. Incluso esta conversación ha sido bastante "controlada".

Con las preocupaciones de Eileen expuestas, podemos trabajar en las creencias de la raíz de su ansiedad. Con el tiempo, fue capaz de cambiar su experiencia subconsciente de que el mundo era un lugar aterrador y poco confiable, a uno que se alineara con sus creencias intelectuales y religiosas acerca de vivir en un universo lleno de amor.

Como vimos con Eileen, la fuente de nuestro malestar nunca son hechos de la vida como:

Está lloviendo afuera.

Tengo cuarenta años.

Mi gato falleció.

Sharon dice que no le caigo bien.

Me quedan apretados los pantalones en la cintura.

Nuestra angustia proviene del significado que atribuimos a estos hechos - eso es sobre lo que deseas indagar. La forma más fácil de acceder a ese significado es caminar hasta el Cajero Automático y saltar con tu pregunta. Entonces, por ejemplo, Marty vino a mi buscando un consejo sobre citas amorosas quejándose de que su peso significaría que nunca podría casarse. En particular, estaba avergonzado por sus pantalones ajustados.

Chana: Tus pantalones están ajustados en tu cintura, **Y Eso Significa**…

Marty: … Estoy demasiado gordo.
… *Las mujeres no me van a encontrar atractivo.*
… *Debería perder peso.*
… *Soy asqueroso.*
… *Debería renunciar a salir en citas.*

Al Marty creer en los pensamientos aquí mencionados, no podía evitar el sufrimiento. Hacer Indagación sobre ellos, lo trajo de vuelta a un lugar de calma y apertura, desde el cual pudo aceptarse más fácilmente y tener el coraje de salir en citas.

Lo que impulsa nuestras emociones y comportamiento es el significado que aplicamos a esos estímulos. A continuación, te muestro una lista de observaciones que no tienen ninguna importancia intrínseca. Al preguntar **Y Eso Significa**, podemos entrar en la historia que hemos construido acerca del estímulo.

Estímulo:	Ally tuvo un accidente de auto.
Y eso Significa:	Ally es desafortunada.
Estímulo:	Está lloviendo el día de mi boda.
Y Eso Significa:	Mi boda está arruinada.

Estímulo:	La abuela murió.
Y Eso Significa:	Nunca más seré amado de esa manera.
Estímulo:	Cenamos pizza.
Y Eso Significa:	Debería ponerme a dieta.

Los clientes a veces se confunden entre hechos y creencias. Ally, por ejemplo, podría creer que su falta de suerte es un "hecho de la vida", lo que le dificulta cuestionar su validez. Puede ser útil preguntar: ¿Todos los humanos de la tierra llegarían a la misma conclusión sobre ese evento? Ally puede darse cuenta de que otros podrían concluir:

Ally tiene mucha suerte de estar viva.

Los cinturones de seguridad son importantes.

Necesitamos crear una legislación más fuerte con respecto al furor en las vías.

Es mejor caminar que conducir.

Cada una de estas creencias, conduciría a una perspectiva completamente diferente de la vida, los sentimientos y los comportamientos; en otras palabras, una vida completamente distinta. Ally puede entonces cuestionarse si creer que ella tiene mala suerte es su única opción y si la está llevando al estado feliz y pacífico que espera experimentar.

A menudo, podríamos creer que nuestra frustración, enojo o tristeza existen sin razón alguna, pero siempre hay un método para nuestra locura. Tomar un momento para comprender qué significado le hemos asignado a un estímulo específico, nos da la oportunidad de elegir formas más amables de pensar y de ser.

> Usa el ***Cajero Automático*** cuando tu agitación parezca desproporcionada con respecto a la situación o cuando no parezca que estás cambiando después de hacer indagación en los pensamientos en cuestión. ***Y Eso Significa*** te ayudará a retirar una colección completa de equipaje de tu bóveda mental, y a diferencia de un cajero automático Citizens Bank, ¡no te cobrará ninguna tarifa!

Torre De Babel

Una red de creencias que juntas respaldan una fuerte super-creencia.

Cada pensamiento que produces, cualquier cosa que digas, cualquier acción que realices, lleva tu firma...

—Thich Nhat Hanh

Al igual que la bíblica Torre de Babel, que fue diseñada para alcanzar el cielo y desafiar el paraíso, construimos estructuras fortificadas de pensamientos negativos que mantienen unida una creencia mayor. Estas **Torres de Babel,** siempre están condenadas al fracaso, pero cuánto más altas son, más difícil es derribarlas. Hacer indagación sobre esa creencia mayor no es suficiente; tenemos que derribar los pilares de pensamiento que la sostienen. Andrew se encerró en la cima de una **Torre de Babel** como esta:

Andrew: Me siento atascado en mi vida.

Chana: ¿Por qué te sientes atascado?

Andrew: Realmente odio mi trabajo. Apesta.

Chana: Cuando te encuentras en una situación que no te gusta, puedes cambiar tu percepción, la situación misma o salir. ¿Cuál de estas opciones te suena más?

Andrew: Realmente me gustaría irme. No quiero estar en contabilidad. La gente en el trabajo es amable, mi jefe es lo máximo, pero la contabilidad es taaaan aburrida. Solo quiero salir.

Chana: ¿Has considerado lo que harías si te sales?

Andrew: Tengo ganas de empezar mi propio negocio vendiendo equipo de hockey.

Chana: Entonces ¿Vas a hacerlo?

Andrew: No lo sé. Es muy difícil.

Chana: ¿Qué es lo difícil?

Andrew: Nunca antes comencé un negocio.

Chana: Entonces ¿tienes miedo de no tener suficiente experiencia?

Andrew: Si. Pero no solo eso. Quiero decir, no soy tan encantador. No creo que la gente quiera comprarme a mí.

Chana: ¿Algo más te está deteniendo?

Andrew: Si, bueno, el ambiente laboral no es lo que era.

Chana: ¿Qué más?

Andrew: Mírame, no soy exactamente un muchacho como Bill Gates o Zuckerberg eran en su momento. Soy muy viejo para empezar algo nuevo.

Chana: Entonces eres demasiado viejo, demasiado inexperto y no eres encantador. ¿Eso es todo?

Andrew: Además, necesitaría el respaldo financiero de mi familia para lograrlo. Mis padres son muy pobres.

Chana: Y -

Andrew: Y es mucho trabajo empezar un negocio. No creo que tenga ese tipo de resistencia.

Chana: ¿Qué pasaría si pudieras reunir el aguante para que esto suceda?

Andrew: Y entonces ¿qué pasa si fallo? Quiero decir, la mayoría de las empresas fallan. ¿Podría realmente manejar esa posibilidad?

Chana: ¿Algo más te está deteniendo?

Andrew: No lo creo. Pienso que hemos dado en el clavo de todas mis preocupaciones.

Chana: No me extraña que te sientas estancado. ¡Has construido una **Torre de Babel** robusta!

Al igual que un edificio real, es más fácil derribar los pilares centrales en la Torre de Babel que tratar de derribar toda la estructura de una sola vez. En el caso de Andrew, una colección de pilares sostenía la creencia de que no iba a poder ir por su cuenta y abrir un negocio de suministros de hockey:

Es demasiado difícil.

Como nunca abrí mi propio negocio, lo más probable es que falle.

No tengo suficiente experiencia.

Estoy muy viejo.

Necesito el respaldo financiero de mi familia para tener éxito.

No soy lo suficientemente encantador.

No tengo suficiente resistencia.

El ambiente laboral no es lo que necesita ser.

No podría manejar fracasar en mi negocio.

Con esas ¡NUEVE creencias! Andrew construyó una base tan sólida de creencias limitantes que necesitaba derribar varios pilares antes de que la torre pudiera derrumbarse y eso fue lo que hicimos. Profundizamos en la indagación sobre la más potente de las creencias anteriores. Después de cambiar cinco de ellas, el resto comenzaron a sentirse chistosas en lugar de amenazadoras. ¡Sin ninguna intervención divina, la Torre de Babel de Andrew fue cayendo!

> Identifica los pensamientos clave que están manteniendo la **Torre de Babel** cuando te sientas abrumado por una creencia particularmente desafiante. Descubrir todos los pilares de pensamiento que sostienen tus sentimientos de que no vales o que eres incapaz, te puede ayudar a enfrentar tus miedos y avanzar.

Mesa De Solo Posrtes

Una herramienta que nos ayuda a aclarar todas las razones por las que sentimos que merecemos la basura que tenemos y no merecemos la torta que queremos.

> *Todo lo que somos es el*
> *resultado de lo que hemos pensado.*
>
> —Buddha

M elanie seguía saliendo con "el tipo de hombre equivocado" una y otra vez y quería cambiar su patrón. Soñaba con formar una familia con un hombre atento, solidario y comunicativo con el que pudiera conectarse profundamente, pero temía que, si no rompía su patrón, se quedaría atrapada saliendo con "perdedores" por el resto de su vida.

Le pedí a Melanie que visualizara su vida dentro de diez años con un hombre que ella considerara un "ganador". Ella pudo ver todo, desde cómo sería su hogar, hasta cómo pasarían el tiempo juntos. Escribimos toda su visión en detalle, y le pedí que como tarea la visualizara repetidamente.

Melanie se quejó de tener dificultades para hacer la visualización en casa. "Simplemente no se siente creíble". Encontró que obtener una imagen clara era un desafío. Como una forma de construir un **Banco de Pensamiento** sólido sobre este tema, le di la tarea de completar lo que yo llamo una **Mesa de Solo Postres**. Este cuadro recoge todas las creencias que soportan la **Torre de Babel** sobre por qué Melanie no estaba avanzando en esta área de su vida. Melanie tenía creencias que la detenían y otras que le impedían seguir adelante. Estas creencias le trajeron **"Solo Postres"** - lo que ella creía que merecía en la vida. Estaba recibiendo un batido barato de comida rápida en lugar del lujoso fondue de chocolate que ella quería simplemente porque su sistema de creencias no le permitía pedir o recibir nada mejor.

Le pedí a Melanie que hiciera una lista de los motivos que respaldaban las declaraciones en la parte superior de la tabla. Puedes ver algunas de sus respuestas a continuación:

Por qué merezco salir con "perdedores"	Por qué no merezco a un "ganador"
Es todo lo que he conocido.	Chicos como esos no existen.
Chicos como esos son fáciles de conocer.	Probablemente no hay nadie en el mundo para mí.
Estoy más cómoda su alrededor.	Un buen chico no estaría interesado en mí.
Les gusto.	Probablemente me aprovecharía de un buen chico.
Puedo cuidar de ellos.	No soy digna de alguien tan bueno.
Me hacen sentir especial.	Querer a alguien así, me prepararía para la decepción.

Usando la **Mesa de Solo Postres**, Melanie pudo construir un **Banco de Pensamiento** que sirvió de base para las próximas sesiones. Hicimos Indagación en la mayor parte de la lista hasta que Melanie pudo disfrutar visualizando la relación de sus sueños y alinear su comportamiento para manifestarlo.

Sacar a la luz los pensamientos subconscientes que impulsan nuestro comportamiento, hace que el crecimiento personal funcione de manera más efectiva. Especialmente cuando obtenemos ese postre tan lujoso que deseamos como recompensa.

Usa una **Mesa de Solo Postres** cuando quieras cambiar, pero estés profundamente apegado o cómodo en tu situación actual.

Descarga una hoja de trabajo de **Solo Postres** de la **Sección de Bonos Gratis** de mi página web:

Hold.ChanaMason.com/bonus.

La Carrera De Obstáculos

Una técnica para visualizar las creencias limitantes que se interponen entre tus sueños y tu.

> *De seguro hay grandeza al saber que, en el reino del pensamiento, al menos, no estás encadenado; que tienes derecho a explorar todas las alturas y profundidades; que no hay paredes ni cercas, ni lugares prohibidos, ni rincones sagrados en la vasta extensión del pensamiento.*
>
> —Robert Green Ingersoll

Me encanta ayudar a un cliente a desarrollar una visión emocionante e inspiradora sobre su futuro, y construir un plan para llevarlo a cabo. Sin embargo, estoy profundamente consciente, de que si el plan que tienen para ellos, para la vida y la realidad, no está alineada con esa visión, lo más probable es que fracasen en seguirlo o encuentren una manera de sabotearlo. Antes de trabajar en un plan, mi objetivo es extraer todas las creencias limitantes que pueden impedir que mi cliente manifieste su sueño.

Dan, por ejemplo, estaba infestado de pensamientos que le impedían avanzar en su vida profesional:

Chana: ¿Qué haces ahora profesionalmente?

Dan: Bueno, no lo llamaría exactamente "profesional". Solo soy mesero en un café.

Chana: ¿Por qué no lo llamas profesional?

Dan: Porque es solo un trabajo para pagar las cuentas. No es realmente lo que quiero hacer.

Chana: ¿Por qué no?

Dan: No paga bien. Y las horas no son geniales. Pero, sobre todo, no me gusta trabajar para otras personas.

Chana: ¿Entonces quieres trabajar para ti mismo?

Dan: Tal Vez.

Chana: ¿Por qué el "tal vez"?

Dan: Es un poco tonto.

Chana: ¿Qué es tonto?

Dan: Lo que quiero hacer.

Chana: ¿Y qué es?

Dan: Cerámica. Lo he estado haciendo por un par de años como pasatiempo. Las pocas horas que paso en el estudio de mi profesor son mis horas favoritas de toda la semana.

Chana: ¿Entonces quieres ser un ceramista?

Dan: Mi profesor dice que soy bastante talentoso. Pero…

Chana: Pero ¿qué?

Dan: ¿No es una locura?

Chana: ¿Qué es una locura?

Dan: Ser un ceramista. Realmente no podría hacer eso.

Chana: Hmm. Y si, por el simple hecho de discutir, ¿No fuera una locura? Si el pensamiento de que ser ceramista es una locura no estuviera allí, ¿considerarías la posibilidad?

Dan: Quizás…

Chana: ¿Estarías dispuesto a imaginártelo solo por unos minutos?

Dan: Supongo que podría hacer eso.

Chana: Excelente. Cierra los ojos. (*Dan se tomó unos momentos para respirar profundo y relajarse.*) Imagínate en cinco años. Estás trabajando de ceramista. ¿Qué ves?

Dan: Tengo mi propio estudio. Está al lado de mi casa y está frente al lago. Hay ventanas de vidrio enormes para que la luz natural llene el estudio la mayor parte del día.

Chana: ¿Qué más ves?

Dan: Estoy realizando trabajos por encargo para galerías y restaurantes. También vendo piezas desde mi casa. Estoy recién casado y a mi esposa le encanta comer los platos que preparo. Ella realmente apoya mi trabajo.

Chana: ¿Cómo va la parte financiera en esta visión?

Dan: Estamos bien. Vivimos en una zona rural por lo que nuestro costo de vida no es tan alto, y podemos cultivar gran parte de nuestra comida. Es hermoso. Además, constantemente estoy mejorando mi estilo, y soy bastante bueno. Puedo mantenernos económicamente con la cerámica que vendo.

Chana: ¿Cómo se siente mirar esa visión?

Dan: Bastante bien.

Chana: ¿No asombroso?

Dan: Bueno, es divertido hablar de eso, pero difícil de creer. Obtener una imagen clara de todo es difícil. Es borroso, y en su mayoría blanco y negro.

Chana: ¿Entonces, hay algo que se interpone entre tú y la visión?

Dan: Sí. Como una niebla.

Las creencias limitantes pueden impedirnos perseguir nuestras metas. Para Dan, se presentan como niebla. En lugar de tratar de superar algo tan intangible, es más fácil trabajar con palabras reales. La técnica de La **Carrera de Obstáculos** nos ayuda a reunirlos. Alentaremos a Dan a darle voz a los obstáculos que le están impidiendo avanzar, personificando su niebla y haciendo que "exprese" sus miedos. Mientras lees el diálogo, me gustaría desafiarte a tomar notas y crear un **Banco de Pensamientos** de los miedos expresados e implícitos de Dan.

Chana: Si pudieras darle voz a esa niebla, ¿qué diría?

Dan: Que la cerámica es muy poco práctica. No hay forma de que pueda hacer dinero haciendo eso.

Chana: ¿Qué más?

Dan: De ninguna manera podría casarme con una mujer tan amable y hermosa.

Chana: ¿Por qué no?

Dan: Simplemente no soy guapo, encantador, o lo suficientemente bueno para eso. Además, no tengo nada de plata.

Chana: ¿Qué más dice la niebla?

Dan: Que siempre he vivido en una ciudad y es ridículo pensar que algún día en realidad me mudaría a un lago. Nunca podría lograr algo así. Es como un sueño soñado, como de una película o algo así.

Chana: ¿Qué más dice la niebla?

Dan: Que nunca llegaría a ser lo suficientemente bueno en cerámica como para ganar dinero con eso. Que nunca llegaría a ser lo suficientemente bueno para hacer piezas tan impresionantes como las veo en mi visión. Tienes que ser realmente especial o talentoso o ir a una escuela de arte por años para ser tan bueno.

Chana: ¿Algo más?

Dan: Esto es solo una fantasía. No está en contacto con la realidad.

Chana: Hmm.

Dan: Y que debería hacer algo práctico como obtener una certificación en contabilidad o buscar un trabajo estable. De esa manera puedo atraer a una buena chica y mantener a mi familia. No puedes mantener una familia con arcilla y esmalte. Seamos realistas.

Dan construyó una **Carrera de Obstáculos** bastante robusta. Su plan de creencias sobre sí mismo, el mundo y lo que es posible, bloqueó su capacidad de visualizar el futuro de sus sueños. Estas son algunas de las creencias interponiéndose en su camino:

La cerámica no es práctica.

Nunca podría atraer a la mujer de mis sueños.

No es realista pensar que me mudaría al lago.

Nunca podría mantener a una familia con cerámica.

No tengo suficiente dinero para atraer a una grandiosa mujer.

Nunca podré ser bueno en cerámica.

Hicimos Indagación sobre estos pensamientos y más. Cada sesión, Dan cerraba los ojos y repetía la visualización. La imagen se hizo más clara hasta que fue tan creíble que la imagen tomó color, y pudo oler el aroma de la arcilla y escuchar la voz de su esposa. A medida que neutralizamos la **Carrera de Obstáculos** de sus creencias limitantes, Dan derribó las palomas de arcilla bloqueando su camino y se entusiasmó cada vez más con su visión sobre el futuro y su capacidad para actualizarlo.

> Usa la técnica de La **Carrera de Obstáculos** cuando te sientas bloqueado para visualizar y actualizar tus sueños. Darle voz a las barreras que se interponen en tu camino te muestra cuando se necesita Indagar Cuestionar tu pensamiento te ayudará a saltar esas barreras y correr hacia tus sueños.

Descarga una hoja de trabajo de Carrera de Obstáculos de la **Sección de Bonos Gratuitos** de mi página web:

Hold.ChanaMason.com/bonus

Palabras Parasufrir Por:
DISECANDO TU SUFRIMIENTO

Las personas más bellas que hemos conocido son aquellas que han conocido la derrota, han conocido el sufrimiento, han conocido la lucha, han conocido la pérdida, y han encontrado la manera de salir de esas profundidades.

—Elisabeth Kübler-Ross

Una de mis maestras espirituales, Joan Laimon dice que "la consciencia crea realidad". En otras palabras, lo que creemos es lo que obtenemos. No solo nuestras creencias nos forman, sino que el lenguaje que usamos también tiene un efecto agudo en nuestras emociones. Las palabras son nuestras herramientas más poderosas para construir nuestra vida desde la base - palabra por palabra. Ahora que has aprendido a identificar las creencias en tu repertorio, podemos profundizar en la comprensión de cómo te ves afectado por las palabras que forman esas creencias. En esta sección, profundizaremos en todas las maneras en que el lenguaje puede hacernos tropezar y llevarnos a oscuros túneles de angustia. Con suerte, te volverás más consciente de la elección de tus palabras y las usarás para darle forma a un mundo hermoso, pacífico y alegre.

"Debería" Se Va Por El Inodoro

Una palabra que discute con la realidad y trae a las personas molestia, frustración y preocupación.

> *¡Deja el debería todo el día!*
>
> *- Tony Robbins*

Aunque la mayoría de nosotros cree que **Debería** es una dulce expresión de preferencia, en realidad la usamos para discutir intensamente con la realidad y decir que lo que "es" no debería ser. Byron Katie dice que cuando discutimos con la realidad, siempre perdemos porque la realidad es lo que es. No va a cambiar, y nuestra falta de aceptación solo conduce a la decepción.

Cuando doy un taller e introduzco la naturaleza problemática de la palabra Debería, invariablemente recibo una reacción negativa de la audiencia. Una persona querrá llevar la palabra a su máximo límite, sacando a relucir los males de la violencia. Viviendo en Jerusalén, esto generalmente aparece como terrorismo. Hace unos años, Jerusalén se encontró en medio de la "Intifada de Puñaladas", en la que terroristas apuñalaban a civiles en las calles de nuestra ciudad. Alrededor de una docena de apuñalamientos inspiraron reverberaciones de miedo en los corazones de los israelíes, incluyendo mis estudiantes. Durante un taller, el calor en la sala llevó a esto:

> *Sandy*: Pero ¿qué pasa con los apuñalamientos que han estado ocurriendo? ¡No puedes simplemente aceptarlos como algo que está bien! La gente está saliendo lastimada. Da miedo.
>
> *Chana*: Entonces tú crees que las personas **no deberían** apuñalar a otras personas.
>
> *Sandy*: ¡Por supuesto! Tú en realidad tampoco crees que deberían... ¿O sí?
>
> *Chana*: En lugar de compartir con ustedes lo que pienso, sugiero que profundicemos en la comprensión de la palabra **debería**.

Caminé al tablero y le pedí al grupo que definiera la palabra **debería**. Esto fue lo que dijeron:

Sería mejor.
Así es.
Sería ideal.
Debe ser.
Es correcto.

No hay otra manera.
Obligación.
Lo espero.
Tiene que ser.

Chana: Sandy, dime, ¿qué ves en la realidad? ¿Hay gente que apuñala a otra de vez en cuando?

Sandy: Si…

Chana: Entonces, básicamente Di-s, o la realidad, o el universo, o como quieras llamarlo, ha creado un mundo en el que las personas apuñalan a otras. Y toda esa creación está mal.

Sandy: Si. Es como una torcedura en el sistema.

Chana: Entonces tú sabes lo que es mejor.

Sandy: Si.

Chana: Si tu estuvieras manejando el mundo, las personas no estarían apuñalando a otras personas.

Sandy: Por supuesto que no.

Chana: La pregunta es: ¿Tú gobiernas al mundo?

Sandy: Claro que no.

Chana: Entonces simplemente estás discutiendo con la realidad. Y cuando discutes con la realidad, siempre perderás el argumento.

Sandy: ¿Por qué?

Chana: Porque la realidad va hacer lo que tenga que hacer. La gente muere, los terremotos tiemblan, y salen películas malas cada verano. No puedes controlarlo todo.

Sandy: Entonces, cuando pienso que las personas no deberían apuñalar a otras, ¿solo estoy en una pelea?

Chana: ¡Si! Estas viviendo en una ciudad donde están ocurriendo apuñalamientos, pero estás tratando de taparte los ojos y pretender que no están sucediendo. ¿Cómo te sientes por dentro cuando crees que las personas no deberían apuñalar a otras?

Sandy: Me enfado de manera intensa. Mis puños se aprietan. Mis dientes también. Quiero golpear a alguien.

Chana: Entonces, cuando crees ese pensamiento, te vuelves violenta. Habitas la violencia que crees que no debería existir en el mundo.

Sandy: Oh...Si. Supongo que eso hago.

Chana: Quizás, en lugar de tratar de controlar otras personas y sus cuchillos, podrías darle la vuelta al pensamiento y ver como aplica para ti.

Sandy: Entonces, ¿no debería apuñalar a otras personas? Pero si nunca le he hecho daño a nadie.

Chana: ¿Alguna vez le has dicho o hecho algo a otra persona que se sintió como una "puñalada en la espalda"?

Sandy: Um... Oh, Si...La otra noche abandoné a una amiga para pasar tiempo con un chico que pensé que era guapo. No fue nada genial de mi parte.

Chana: Entonces tienes de donde crecer en esta área.

Sandy: Totalmente. No es que haya atravesado su corazón con un cuchillo, pero si la herí. Debería disculparme.

Chana: Si lo hicieras, sentirías más paz por dentro.

Sandy: Si. Me siento bastante culpable por eso.

Chana: Si. ¿Puedes darme más razones por las cuales es cierto de que no deberías apuñalar a otras personas?

Sandy: Yo no apuñalo a las personas literalmente.

Chana: Es reconfortante para mí escuchar eso. ¿Dos razones más?

Sandy: ¿No quiero matar a nadie?

Chana: ¿Y una más?

Sandy: Um…No se me ocurre nada….

Chana: Dime, desde que llegaste a Jerusalén el mes pasado, ¿Cuántas personas han sido apuñaladas?

Sandy: No estoy tan segura. Quizás doce.

Chana: Eso es una buena suposición. Ha habido tres puñaladas, en realidad. Y dime, ¿Cuántos apuñalamientos has vuelto a reproducir en tu mente?

Sandy: Muchoooos. Cada vez que camino por la Ciudad Vieja y veo a un árabe, lo imagino sacando un cuchillo y me pongo alerta. O si leo sobre un apuñalamiento en las noticias, lo imagino una y otra vez en mi cabeza.

Chana: No te gusta llenarte de susto, ¿supongo?

Sandy: Para nada.

Chana: Por lo tanto, sería una buena idea dejar de apuñalar a otras personas.

Sandy: ¡Pero yo no…!

Chana: En tu cabeza.

Sandy: Oh. Lo entiendo. Eso estaría bien.

Chana: Estás buscando que las personas dejen de apuñalar a otras para tu sentirte tranquila.

Sandy: Si.

Chana: Quizás sáltate el intermediario. Puedes sentirte más tranquila al no apuñalar a otros por la espalda o al dejar de reproducir esas imágenes en tu mente.

Sandy: Entiendo.

Chana: Y no discutir con la realidad. La gente apuñala a otra gente. Esa es la realidad.

Sandy: Pero no quiero que lo hagan.

Chana: Entiendo. ¿Puedes controlar lo que hacen los millones de personas en esta ciudad?

Sandy: No.

Chana: ¿A quién puedes controlar?

Sandy: Solo a mí.

Chana: Entonces comienza contigo. No apuñales a las personas. Ni en tu mente ni en el mundo físico. Enséñanos sobre la no violencia y amabilidad a través de tu ejemplo.

Sandy: Puedo intentarlo.

Chana: Eso es lo que todos estamos haciendo -intentándolo.

Una consecuencia fascinante de las declaraciones de **Debería**, es que siempre nos llevan en dirección opuesta de lo que pretendíamos. Aunque Sandy creía que el pensamiento de que las personas no deberían apuñalar a otras, haría que el mundo fuera más pacífico, en realidad la convirtió a ella en una persona más enojada y violenta. Este es también el caso con todo tipo de otras declaraciones de **Debería**, como, debería hacer ejercicio, debería trabajar más duro, la gente debería ser cortés. Pero no confíes en mi palabra. Prueba este axioma por ti mismo. Me gustaría que hicieras un ejercicio que utilizo con clientes que luchan contra la obesidad.

Cierra los ojos e imagina que estás parado a unos pasos de una mesa larga. Encima de esa mesa, están todos tus postres y golosinas preferidos. Permítete tener mucho detalle en tu visión. ¿Qué colores ves? ¿Qué hueles? ¿Cómo reaccionas cuando crees que no deberías comerte esos postres?

Si eres como la mayoría de las personas, visualizar los postres en la mesa creó un deseo por ellos y creer que no deberías comerte esos postres, te empujó a devorar todo lo que veías. Es un resultado irónico de nuestros deseos de cuidarnos. También es por eso que creo que hacer dieta, a menudo no funciona: niveles ineficaces de culpa, vergüenza y enojo están en juego. Barry Neil Kauffman señala que nos hacemos infelices porque hemos sido condicionados a creer que la infelicidad nos va a motivar a participar en comportamientos beneficiosos. El problema, es que la infelicidad alimenta nuestras acciones destructivas desde el principio. Discutiremos esto más a fondo en **Bucle de Adicción y el Torbellino de Agresión.**

Sandy estaba temerosa y enojada en respuesta al terrorismo que experimentaba en su ciudad. Se dio cuenta de que su malestar se debía a su historia sobre esa realidad: que estaba mal, un "problema del sistema", y que **Debería** ser distinto. Sufrió bajo el bombardeo de imágenes que proyectó en su mente y la violencia interna que crearon. Adueñarse de todos esos **Debería**, la dejó sin poder alguno para desarrollar paz en sí misma, y a la larga, en el mundo.

> **Debería se va por el Inodoro** porque la palabra **Debería** nos causa mucha lucha interna (y probablemente gases e hinchazón). Pon atención a los lugares donde dices o insinúas un **Debería** y usa la Indagación para aceptar la realidad en sus propios términos.

Pescando Problemas

Una escuela de palabras sospechosas que llevan a las personas hacia la confusión y el malestar.

> *Una mente que ha no se ha cuestionado*
> *es el mundo del sufrimiento.*
>
> —Byron Katie

Ciertas palabras nos llevan constantemente a un hoyo negro emocional. Es importante mantener mi oído atento para prevenir a mis clientes de ahogarse en la desesperación que estas palabras crean. Ya hemos saboreado los efectos problemáticos del mayor culpable **Pesca Problemas**: **Debería**. Ahora vamos a explorar otras aguas oscuras del lenguaje.

Tanya había diseñado un camino de vida para sí misma que no solo era diferente de lo que su familia esperaba, sino una caja de sorpresas comparado a la sociedad en general. Ser tan divergente hacía que Tanya se sintiera incómoda, y buscaba continua aprobación de que las decisiones que estaba tomando eran aceptables. La siguiente conversación está llena de palabras **Pesca Problemas** subrayadas en negrilla:

Tanya: Mi papá no entiende que no quiero ir a la universidad.

Chana: ¿Y eso te molesta?

Tanya: Si, quiero decir, ¿No es **comprensible** que después de 18 años quiera tomar mis propias decisiones?

Tany quiere sentirse apoyada en su pensamiento, a pesar de que le molesta. Esta pregunta muestra que preferiría que la justifiquen a ser feliz. Su salud mental exige que esté menos interesada en lo que es **comprensible** y más interesada en lo que es beneficioso. Mi primer paso es intentar reformular su declaración a una creencia sobre la que podamos indagar:

Chana: ¿Crees que tu padre **debería** apoyar tus decisiones ahora que tienes 18?

Tanya: ¡Si! Exactamente. Totalmente.

Chana: ¿Y cómo reaccionas cuando crees que el debería apoyarte?

Tanya: Me enojo mucho. Mi piel se calienta, mis puños se aprietan. ¿Pero acaso no **tiene sentido** que yo deba estar enojada? ¿No es lógico sentirse así?

Tanya ha vuelto a querer justificación, ahora por sus emociones en lugar de sus creencias. El problema es que sus sentimientos no respaldan la felicidad que ella realmente quiere, y no le sirve tratar de respaldarlos con una carnada más grande. De nuevo, la pregunta no es si sus emociones están justificadas, sino si la llevan a donde ella quiere ir. Otras palabras **Pesca Problemas** que se ajustan a la rúbrica de "justificación" incluyen: **justo, justificado y razonable.**

Chana: ¿Qué más surge cuando crees el pensamiento de que tu padre debería apoyar tus decisiones?

Tanya: Empiezo a pensar en cómo no soy lo **suficientemente** mayor, lo **suficientemente** inteligente o sin conocimiento **suficiente** como para tomar decisiones sin su apoyo.

Tanya ha compartido tres creencias adicionales que no había mencionada antes, entonces agreguémoslas a su **Banco de Pensamiento:**

No tengo la edad suficiente para tomar decisiones por mi cuenta.

No soy lo suficientemente inteligente como para tomar decisiones por mi cuenta.

No tengo el conocimiento suficiente para tomar decisiones por mi cuenta.

Ella también está usando otra palabra **Pesca Problemas**: **Suficiente**. Otra forma de decir suficiente es, "**como debería ser**". La suposición es que sabemos exactamente cuánto talento, altura o belleza es ideal y que tenemos la capacidad de evaluar si encajamos en esa rúbrica. La palabra **suficiente** siempre conduce a la tristeza y la frustración. ¿Por qué? Porque nos obliga a salir de nosotros mismos y ser nuestros propios jueces, omniscientes y supremos sobre nosotros y nuestra situación. Ahora, volvamos a nuestra indagación programada.

Chana: ¿Que no puedes hacer cuando crees que tu padre debería apoyar tus decisiones?

Tanya: Es difícil pensar con claridad. Como que, estoy pensando en inscribirme a un curso de programación de computadoras, y mi mente se vuelve borrosa cada ver que entro al sitio web de la escuela informática.

Chana: ¿Puedes pensar en una razón tranquila para mantener el pensamiento de que tu padre debería apoyar tus decisiones?

Tanya: Si. Merezco su apoyo. Quiero decir, soy su hija.

¡KABOOM! **Merecer** es una bomba de palabra. Una vez más, Tanya quiere sentirse justificada en su deseo de apoyo al mismo tiempo que lo eleva al estatus de Regla del Universo: Todos los padres **deberían** siempre apoyar las decisiones de sus hijas. En otras palabras, ella dice que **debería** obtener su apoyo porque **debería** obtener su apoyo. Esto es el pensamiento circular, autodestructivo en su mejor momento. Observa que le he pedido a Tanya que exprese una razón tranquila por la que su padre debería apoyarla, sin embargo, su respuesta es presumiblemente estresante.

Chana: ¿Te trae paz pensar eso?

Tanya: Uh… ¿paz?

Chana: Si. ¿Cómo te sientes cuando crees que **mereces** su apoyo?

Tanya: Irritada. Enfadada.

Chana: Entonces, no en paz.

Tanya: Supongo que no. No.

Chana: ¿Puedes pensar en una razón tranquila para mantener el pensamiento de que tu padre debería apoyarte?

Tanya: …No. Pero no es **justo.** Él es mi papá. Él dice que me ama y que quiere que yo sea feliz, pero luego se frustra cuando digo que no quiero ir a la universidad.

Cuando Tanya dice "no es justo" está discutiendo con la realidad. En otras palabras, "si la realidad funcionara bien de acuerdo con mi explicación de cómo deberían ser las cosas, entonces mi papá me apoyaría." **Justo** es el mejor amigo de **Merezco**. Hay diferentes formas de decir **debería**. Es por eso que todas son palabras **Pesca Problemas** - todas nos atraen a un pozo de hielo de desesperación.

Chana: Escucho un par de pensamientos que podemos agregar a tu **Banco de Pensamientos**. Déjame saber si crees que son verdaderos.

Tanya: Okey.

Chana: Tú crees que los padres deberían apoyar a sus hijas.

Tanya: Si.

Ahora voy a caminar al **Cajero Automático.**

Chana: Y si tu padre te ama, eso significa que debería apoyar tu deseo de saltarte la universidad.

Tanya: Totalmente.

Chana: Y si tu padre dice que quiere que seas feliz, eso significa que el debería apoyar todas tus decisiones.

Tanya: ¿No debería?

Chana: ¿Cuál es la realidad?

Tanya: No siempre lo hace.

Chana: ¿Cómo reaccionas cuando crees que si tu papá dice que quiere que seas feliz significa que debería apoyarte en tus decisiones y no lo hace?

Tanya: Me enfado mucho con él. No quiero hablarle.

Chana: ¿Y quién serías, tratando de registrarte al curso de programación sin ese pensamiento?

Tanya: Podría simplemente leer la información acerca de cada clase. Sería mucho más fácil elegir cual quiero tomar.

Chana: ¿Algo más?

Tanya: Me sentiría calmada.

Chana: Si. Habita ese espacio un minuto. Siente esa calma. Eso es lo que esperabas sentir cuando querías que tu padre te apoyara.

Tanya: Si. Solo quería sentir que todo iba a estar bien.

Chana: Exacto. Pero puedes sentirte así por ti misma, ya sea que tu padre te apoye o no. Siéntelo. Acabas de crear ese sentimiento.

Tanya: Se siente bien.

Chana: ¿Y cómo estás alrededor de tu padre sin el pensamiento de que el debería apoyarte?

Tanya: Simplemente puedo estar con él. Me puedo permitir reír. Mi papá es muy chistoso.

Chana: Maravilloso. Ahora, vamos a darle una vuelta. Tu padre debería apoyarte - ¿Qué es lo contrario de eso?

Tanya: Mi padre no debería apoyarme.

Chana: Dame tres razones por las que eso es cierto.

Tanya: No siempre lo hace.

Chana: Bien. ¿Qué más?

Tanya: Según su experiencia, la universidad es el camino hacia el éxito, y él quiere que yo sea exitosa y estable a nivel financiero. Él piensa que eso me hará feliz.

Chana: ¿Y otra razón?

Tanya: A veces hago cosas estúpidas. No quisiera que él apoyara eso. Preferiría que me empujara a pensar más a fondo algunas de mis decisiones.

Chana: ¿Puedes darle otra vuelta? Una que empiece contigo.

Tanya: Yo debería apoyarme. Oh. Eso es duro.

Chana: Pero pensaste que era tan fácil para tu papá.

Tanya: Touché.

Chana: ¿Me puedes dar tres razones por las cuales este pensamiento es tan verdadero o más verdadero que tu creencia original?

Tanya: Si. Yo soy la que tiene que vivir conmigo misma. Y con mis decisiones. Y lo que sea que venga con ellas.

Chana: Muy bien. Dos más.

Tanya: A menudo dudo de mí misma incluso cuando mi padre si me apoya. Podría aprender de él a veces.

Chana: Wow. ¿Qué más?

Tanya: Um…. No se me ocurre nada más….

Para ayudar a Tanya, vamos a presentarle a uno de mis amigos, el preescolar. Sus palabras pueden ayudarla a ver su procesamiento mental un poco más claro.

Chana: Digamos que un niño de cuatro años te pasó al lado en la calle y dijo: "Creo que es fantástico que no vayas a la universidad Tanya. Eres una superestrella. ¡Yo apoyo cada decisión que tomes! ¿Qué pensarías?

Tanya: No lo sé. Él es un niño. Y no sabe nada. No me importa lo que el piense.

Chana: ¿No te sientes apoyada por sus palabras?

Tanya: De ninguna manera.

Chana: Entonces, te contaste una historia sobre este niño y basada en tu historia, decidiste si apoyarte en sus palabras o no.

Tanya: Huh. Si. Supongo que sí.

Chana: Y si tu padre dijera esas palabras, entonces te darías una palmada en la espalda con ellas y te abrazarías con ellas y llenarías tu corazón con ellas.

Tanya: (Riendo) ¡Probablemente!

Chana: Entonces, ¿Quién te apoya?

Tanya: ¡Yo lo hago! ¡Lo entiendo! Yo debería apoyarme a mí misma. Debería decirme cosas que me sostengan, aceptar palabras de otros que me den sostén y bloquear las que no. Me gusta.

En resumen, el deseo de Tanya de contar con el apoyo inagotable de su padre se interpuso en su camino a la felicidad bajo sus propias decisiones. Identificando las Palabras **Pesca Problemas** en su discurso, pudo salir de su propio camino y encontrar mejores pescados para freír.

> Las palabras **Pesca Problemas** nos encierran en la molestia y el desespero. Identificar estas palabras y los estragos que causan, puede ayudarte a apartarlas del camino acercándote a la claridad y a la paz.

Monstruos Bajo La Cama

Las creencias temerosas que subyacen nuestro pensamiento aparentemente sin carga.

> *Siempre decía, '¿Por qué yo? ¿Por qué no tengo padre? ¿Por qué no está conmigo? ¿Por qué dejó a mi madre?' Pero a medida que fui creciendo, miré más a fondo y pensé, 'No sé por lo que estaba pasando mi padre, pero si él hubiera estado con nosotros todo el tiempo, ¿sería quién soy hoy?'*
>
> —LeBron James

A veces, nuestros mayores temores se esconden bajo lo que creemos que son argumentos bien fundados, lógicos o de apoyo. Una forma de ponerse en contacto con la raíz del problema, es prender una linterna bajo todo eso que parece sólido y ver lo que se esconde debajo del somier. Eso es justo lo que Jack necesitaba. Quería casarse, pero experimentó muchos bloqueos cuando se trataba de salir a conocer gente:

Jack: Parece que no puedo conocer a ninguna mujer que me guste.

Chana: ¿Por qué?

Jack: Yo trabajo en un sitio de construcción. No es exactamente una central de mujeres…

Chana: ¿Ese es el único lugar donde pasas tu tiempo?

Jack: Principalmente.

Chana: ¿Por qué?

Jack: No salgo mucho.

Chana: ¿Por qué es eso?

Jack: Me gusta estar por mi cuenta.

¿Por su cuenta? Esta declaración contradice su deseo original de compañía y sugiere un **Monstruo Bajo la Cama**. Es hora de encender la linterna y preguntarle a Jack sobre sus miedos.

Chana: **¿Qué crees que pasaría s**i salieras?

Si me equivoco aquí y Jack tenía una preferencia en lugar de un miedo, me lo hará saber. En este caso, mi instinto es correcto:

Jack: No lo sé. Yo… No sé cómo actuar en fiestas y demás.

Chana: ¿Por qué?

Jack: Diré algo tonto, o bobo, simplemente fuera de lugar.

Chana: **¿Qué crees que pasaría** si no creyeras que vas a decir algo totalmente fuera de lugar?

Jack: Podría decir lo que tengo en mente. No tendría cuidado. Y luego haría el ridículo total.

Chana: Un momento, ¿Si no crees que podrías decir algo fuera de lugar, entonces dirías algo fuera de lugar?

Jack: Si. Me… me protege.

Chana: ¿Cómo reaccionas cuando crees que vas a decir algo fuera de lugar?

Jack: Me pongo nervioso y súper cohibido.

Chana: Y ¿Cómo actúas con las mujeres cuando crees ese pensamiento?

Jack: Me cuesta concentrarme en lo que están diciendo. Estoy demasiado concentrado en lo que voy a decir o cuándo debo reír o sonreír o algo así.

Chana: ¿Y qué pasa?

Jack: Termino diciendo cosas que están totalmente fuera de lugar porque no estoy escuchando, así que no estoy en sintonía con lo que está pasando. Me vuelvo demasiado cohibido… ¡Oh! ¡Entiendo! Cuando pienso en ese pensamiento, actúo más fuera de lugar, no menos. Wow! Pero…

Chana: ¿Pero…?

Jack: Pero es difícil no cohibirme. No quiero decir nada tonto.

Chana: ¿A qué te refieres con "tonto?"

Jack: Como si me equivocara con algún hecho.

Chana: ¿**Qué temes que te suceda** si te equivocas?

Jack: Que las chicas se rían de mí. Sé que no serían tan groseras como para hacerlo en voz alta, pero estarían -por dentro- riéndose a carcajadas.

Chana: ¿**Qué temes que suceda** si se ríen?

Jack: ¡Eso sería tan humillante!

Chana: Y ¿**qué temes que suceda** si te humillaran?

Jack: Entonces nadie querría tener nada que ver conmigo.

Chana: ¿**Qué temes que suceda** si nadie quisiera tener nada que ver contigo?

Jack: Me quedaría solo.

Ahora, caminemos al **Cajero Automático**.

Chana: ¿Qué **significaría** quedarte solo?

Jack: Que nadie me puede querer. Que no tengo valor.

El miedo real de Jack, es que, si se arriesga a nivel social, estaría exponiéndose a experiencias que probarían la creencia subyacente de que nadie lo puede querer. Podríamos trabajar en que se visualice yendo a fiestas, practicar invitar a chicas a salir, y refutar su preocupación de que la gente se reiría de él, pero eso no eliminaría el miedo de que el no vale nada, que está guardado bajo la superficie. Entonces, vayamos directamente al **Monstruo** con nuestras propias garras al descubierto.

Chana: ¿Qué se siente más doloroso: la creencia de que nadie te puede querer o que no vales nada?

Jack: Que no valgo nada.

Chana: Entonces. No vales nada. ¿Eso es cierto?

Jack: Cuando lo pones de esa manera… Suena menos cierto.

Chana: ¿Entonces no es un "si" tan certero?

Jack: Si.

Chana: ¿Y cómo reaccionas cuando crees en el pensamiento de que no vales nada?

Jack: Mi cuerpo colapsa. Me siento agotado.

Chana: ¿Qué más?

Jack: Siento que hay un hoyo que quiere chuparme al suelo.

Chana: ¿Qué te surge a nivel emocional?

Jack: Me siento muy triste. Solo quiero enrollarme como una bola y llorar.

Chana: ¿Qué no puedes hacer cuando crees en el pensamiento de que no vales nada?

Jack: No puedo pensar con claridad. No quiero hablar con nadie. Definitivamente no quiero ir a ningún evento social. Por supuesto que no. Solo quiero desaparecer.

Chana: Ahora. Respira hondo y despéjate. Bien. Imagina que estás pensando en ir a una fiesta y el pensamiento de que no vales nada no está ahí. ¿Quién serías sin ese pensamiento?

Jack: Oh. Sólo pienso en quién podría estar allí y si quiero pasar el rato con ellos o no. También puedo sentir si tengo energía o si estoy cansado. Estoy más abierto a preguntar qué es lo que es bueno para mí. No hay toda esta tensión y presión en todo el asunto. Es más simple. ¿Tengo ganas de ir o no?

Chana: Así que vamos a darle la vuelta. No vales nada. ¿Qué es lo contrario?

Jack: Si valgo.

Chana: Si. Dime como eso es cierto o más cierto que la creencia original.

Jack: Tengo varios amigos a los que les gusta salir conmigo a pesar de que a veces puedo ser un incómodo ermitaño.

Chana: ¿Qué más?

Jack: Amo a mi familia. Y ellos me aman a mí.

Chana: Siente eso. No suena a que no vales nada, ¿o sí?

Jack: No. En realidad, estarían tristes si yo desapareciera.

Chana: Si. Dime otra razón por la que sí vales.

Jack: Soy un arquitecto fantástico. Mis clientes realmente aprecian como encuentro formas creativas de diseñar lo que quieren y más.

Chana: Precioso. ¿Otra razón?

Jack: Soy voluntario en un comedor de beneficencia. La gente allí realmente lo aprecia.

Chana: Y que tal otra vuelta.

Jack: ¿Soy digno?

Chana: Si.

Jack: Um… Mis padres me alimentaron y me dieron un hogar mientras crecía. Así que supongo que pensaron que yo valía la pena.

Chana: ¿Y qué tal ahora?

Jack: Continúan invirtiendo en mí supongo. Quiero decir, ya no me dan dinero porque me mantengo, pero me ofrecen consejos, tiempo y amor.

Chana: No piensan que están desperdiciando su tiempo y sus recursos.

Jack: No. No es como un sentimiento de culpa. Parecen felices de invitarme y preguntarme sobre mi vida. Y me siguen empujando sobre mis citas con chicas -quieren que sea feliz. Saben que no quiero estar solo.

Chana: ¿Cuál es otra razón por la que sí vales la pena?

Jack: Uhh…No lo sé. Estoy atorado.

Chana: Okey. Prueba esto: ¿Quién define el valor de una persona?

Jack: No lo sé. Supongo que cada persona es diferente. No se pueden medir todos de la misma manera. No sé si podría decir exactamente el valor de un niño o alguien ciego o discapacitado. Supongo que incluso alguien joven y saludable como yo. Realmente no sé qué me hace digno de existir. Ahora que me detengo a pensarlo, no tengo idea. Supongo que solo Di-s podría saberlo.

Chana: ¿Y tu corazón todavía está latiendo?

Jack: Si.

Chana: ¿Quién está haciendo que eso suceda?

Jack: Yo no.

Chana: ¿Lo encendiste esta mañana?

Jack: No. No lo encendí. No puedo apagarlo tampoco.

Chana: ¿Entonces quién lo hace?

Jack: Di-s supongo. ¡Oh! ¡Lo entiendo! Di-s mantiene mi corazón latiendo. Entonces **debe** valer la pena que yo exista.

Chana: Si.

Jack: Pero espera. Eso suena demasiado simple.

Chana: ¿Sí?

Jack: Hmm… Tal vez yo lo complique.

Chana: Quizás. ¿Quién decidió que no valías la pena?

Jack: Sentí que todos me decían eso cuando era niño.

Chana: ¿Realmente **te dijeron** eso?

Jack: (Hace una pausa para pensar) No. Supongo que pensé que a eso se referían. Como si tuviera que ganarme estar aquí.

Chana: Y mientras tanto….

Jack: Mi corazón ha estado latiendo todo el tiempo.

Chana: ¿Tuviste que "ganarte" eso?

Jack: No, no. Latía incluso cuando era un bebé. Y no podía ganarme nada en ese entonces. ¡Solo era una cosita que lloraba y hacia popo!

Chana: Entonces ¿Puedes saber con total certeza que tienes que "ganártelo" ahora?

Jack: No. No puedo saber eso. Tal vez no haya tal cosa como ganárselo del todo.

Chana: ¿Cómo se siente cuando crees que no es necesario ganarse tu existencia?

Jack: Como si un millón de ladrillos se acabaran de deslizar por mi espalda. Es un gran alivio. Siento que puedo respirar.

Chana: ¿Y cómo se sentiría ir a una fiesta creyendo que no tienes que ganarte tu valor?

Jack: Podría simplemente estar ahí. Y hablar con gente. O no. De cualquier manera, está bien. Gracias. ¡Esto se siente muy bien!

Al preguntarle directamente a Jack sobre sus temores, pudimos descubrir su **Monstruos bajo la Cama.** A la luz, Jack enfrentó sus suposiciones subconscientes sobre su valía, pudo cuestionar su validez y eligió una perspectiva más amable para sí mismo.

Usa la técnica de **Monstruos bajo la Cama** cuando tu lenguaje implique temores escondidos debajo de la superficie. Confía en que cuando preguntes, "qué temes que suceda si…" las respuestas saldrán burbujeando a la superficie. Estas respuestas pueden construir un **Banco de Pensamiento** significativo para impulsar un cambio esencial.

Descarga una hoja de trabajo de **Monstruos Bajo la Cama** de la **Sección de Bonos Gratis** de mi página web:

Hold.ChanaMason.com/bonus

Atrapado En Medio Del Drama

Usar un lenguaje fuerte para un efecto dramático que termina causando un estrés indebido.

Nunca le di a nadie el infierno. Solo les dije la verdad, y ellos pensaron que era el infierno.

— Harry S Truman

Todos usamos nuestra capacidad imaginativa para distorsionar la realidad. Esta habilidad nos permite jugar con el lenguaje y transmitir significado más allá de los hechos. Cuando te digo, por ejemplo, que mi corazón se está saliendo de mi pecho, sabes que no debes llamar a una ambulancia. Ser capaz de usar metáforas e imágenes enriquece la comunicación, pero cuando esta facultad no está completamente bajo nuestro control, podemos quedar **Atrapados en Medio del Drama**, que puede parecer emocionante, pero rápidamente nos abruma.

Randy estaba estresada o deprimida muy a menudo y no sabía cómo salirse de sus caprichos:

Chana: ¿Qué es lo que te molesta?

Randy: Odio mi trabajo.

Chana: ¿Qué es lo que no te gusta?

Randy: El viaje de mi casa al trabajo es insoportable.

Inmediatamente, Randy está usando un lenguaje fuerte, el cual crea una respuesta fisiológica muy fuerte en su cuerpo. Sus músculos se tensan, mueve sus ojos, y su cara se sonroja. Preguntémonos si ella no puede "soportar" algo que ha estado soportando por un tiempo:

Chana: ¿Es cierto que no puedes soportar el viaje?

Randy: Si. Lo odio.

Chana: Escucho que no te gusta. ¿Pero es cierto que no puedes soportarlo?

Randy: Si. No quiero estar en ese bus.

Chana: Preferirías no estar allí. ¿Eso significa que no puedes soportarlo?

Randy: ¿Por qué sigues preguntando eso?

Chana: Tómate un momento para pensar en mi pregunta. ¿Acaso el hecho de que no disfrutes del bus, significa que no puedes soportarlo?

Randy: Mmm. Supongo que no.

Chana: ¿Y cómo reaccionas cuando crees que no puedes soportarlo?

Randy: Me pongo tensa. No quiero hablar, ni mirar a nadie.

Chana: Toma una respiración profunda. Imagínate sentada en el bus sin el pensamiento de que no soportas el viaje. ¿Cómo estarías sin él?

Randy: No puedo imaginar eso. Ese bus es como un horno. Y estamos embutidos como sardinas. Hay un tipo que se sube en la parada después de la mía que siempre huele a basura agria.

Han surgido dos desafíos. Uno es que Randy dejó que la indagación se metiera en su historia y construyera evidencia para su creencia. El otro, es que está **Atrapada en Medio del Drama**. Sus metáforas sirven para subir el volumen de su sufrimiento y aumentar de manera similar su respuesta al estrés. La increíble terapeuta Británica Marisa Peer, dice que el lenguaje dramático es bastante pernicioso porque nuestro subconsciente lo toma enserio. Cuando decimos que algo es "un dolor de cabeza", bien podría llevarnos a darnos un dolor de cabeza. Así también con las experiencias que etiquetamos como "un fastidio", "horrorosas", o más allá de nuestra capacidad de "manejo". El lenguaje dramático de Randy la lleva a sentirse aterrada, cansada y molesta. Tendremos que reorientarla:

Chana: Veo que has dejado de indagar y has regresado a tu historia. Respira un poco y relájate. Exploremos, solo por un momento ¿Cómo estarías sin el pensamiento de que no puedes soportar el viaje?

Randy: Hmm…

Chana: ¿Estás bien?

Randy: Si, supongo.

Chana: ¿Estás en el bus?

Randy: Si.

Chana: Y se está moviendo.

Randy: Por supuesto.

Chana: Entonces estás soportando el camino.

Randy: Oh. Si.

Chana: ¿Cómo sabes que es cierto que puedes soportar el camino?

Randy: A veces llevo un libro en el bus conmigo y lo leo en el camino. Puedo quedarme tan atrapada en la historia, ¡que me olvido que estoy en el bus!

Chana: ¿Qué más?

Randy: Podría bajarme del bus si quisiera, pero elijo quedarme.

Chana: Y…

Randy: Sigo viva cuando me bajo.

Destaquemos otras formas en las que Randy ha quedado **Atrapada en Medio del Drama** para que pueda comprender mejor sus patrones de lenguaje:

Chana: Mantén los ojos cerrados y mírate sentada en el bus. Fíjate en lo que te sucede cuando crees que es como un horno, y que estás embutida como una sardina.

Randy: Uy. De inmediato me estremezco. Me siento atrapada. Como si no pudiera respirar.

Chana: ¿Es cierto que el bus es como un horno?

Randy: ¡Por supuesto!

Chana: Escucho que tú crees que es como un horno. ¿Pero es realmente cierto?

Randy: Hace calor, pero… No. No es realmente como un horno.

Chana: ¿Por qué lo describes de esa manera?

Randy: Um. No lo sé.

Chana: ¿De qué te sirve describir el bus como un horno?

Randy: Siento un poco de adrenalina. Me siento poderosa de alguna manera.

Chana: Esta adrenalina… ¿Se siente tranquila?

Randy: No, es bastante estresante. Ansiosa. ¡Oh!

Chana: ¿Por qué dijiste, "Oh?"

Randy: Me acabo de dar cuenta… muchas veces cuando me siento ansiosa, es exactamente como eso.

Chana: ¿Exactamente cómo qué?

Randy: La misma adrenalina. El mismo estrés.

Chana: ¿Qué preferirías?

Randy: Sentirme relajada. Ir más con la corriente.

Chana: ¿Y cómo podrías hacer eso?

Randy: Es como en el bus. De todos modos, ya estoy en él, así que podría aceptar que no me voy a bajar. No tengo que hacer tanto drama. No tengo que luchar tanto.

Chana: ¿Qué podrías hacer si no estuvieras luchando contra eso?

Randy: Tendría espacio para pensar. Tal vez incluso usar el tiempo de viaje para buscar un trabajo que me guste más.

Chana: Te gustaría dejar tu trabajo.

Randy: Si. Quiero decir, eso creo. Pero ahora me pregunto si estoy sacando de proporción las cosas que no me gustan. ¿Podemos analizar eso?

Chana: Por supuesto. Dijiste que odias tu trabajo. ¿Eso sigue siendo cierto?

Randy: Eso creo.

Chana: ¿Por qué?

Randy: Bueno, primero, los horarios son horribles. Tengo que levantarme ridículamente temprano cada mañana para llegar a tiempo.

Randy ha vuelto a sus superlativos. Vamos a mostrarle a esta reina del drama que su día a día no es Shakespeare:

Chana: Los horarios son horribles, ¿eso es cierto?

Randy: Si.

Chana: ¿Cómo reaccionas cuando lo crees?

Randy: Me pongo tensa. Y… esa adrenalina de nuevo.

Chana: ¿Quién serías, parada en el mostrador sin el pensamiento de que los horarios son horribles?

Randy: Solo estaría sirviendo a la gente. Igual que antes… pero diferente. Estaría más presente. Creo que notaría más a la gente. Wow.

Chana: ¿Wow?

Randy: Si. No creo haberle prestado atención a ninguno de mis clientes. Estaba demasiado ocupada odiando mi trabajo.

Chana: ¿Y cómo te sientes?

Randy: Toda rara por dentro. Creo que parte por la que odiaba mi trabajo era porque me sentía sola. Pero eso es porqué nunca conecté con nadie. Es difícil hacer eso cuando estás enojada.

Chana: Entonces, ¿Son las horas o tu historia sobre ellas la que te hace sentirte sola?

Randy: Mi historia. Sin lugar a duda.

Chana: Tratemos de darle la vuelta. ¿Qué es lo contrario de "tus horarios son horribles"?

Randy: Mis horarios no son horribles.

Chana: ¿Cómo es eso cierto?

Randy: Puedo trabajar de día. Así que mi reloj biológico no se estropea ni nada.

Chana: ¿Qué más?

Randy: Bueno. Esto es un poco vergonzoso. No te rías, ¿de acuerdo?

Chana: Está bien.

Randy: No tengo que viajar durante las horas pico, por lo que mi camino en bus es más corto.

Chana: Es bueno notarlo. ¿Alguna otra razón por la que tus horarios no son horribles?

Randy: Horrible es una palabra fuerte que pertenece a una película de miedo. Realmente no hay nada horrible en trabajar de 7-3. En realidad, es bastante aburrido y predecible.

Chana: ¿Cómo se siente tener horas aburridas y predecibles?

Randy: Sin adrenalina.

Chana: ¿Menos emocionante?

Randy: Si. Pero también más relajado. Prefiero reservar la emoción para las películas.

Las palabras y metáforas extremas pueden hacer que la vida se sienta emocionante y darnos una descarga de adrenalina, pero también pueden bloquear nuestra capacidad de estar presentes, ver con claridad y pensar con calma. Durante nuestros diálogos, Randy aprendió a prestar más atención a sus elecciones de palabras y sus efectos en su experiencia fisiológica y emocional. Obtuvo claridad sobre lo que le gustaba o no le gustaba de su trabajo, y desde un lugar más centrado, decidió buscar empleo en otro lugar.

> Las personas que están **Atrapadas en Medio del Drama**, aprenden al ver el efecto que su lenguaje tiene en su historia de la realidad y su reacción posterior a ella. Es importante identificar estas trampas de lenguaje para que puedas elegir de manera más consciente cómo narrar la historia de tu vida.

Estudio De Doble Enlace

Mirando de cerca los vínculos que hemos hecho entre conceptos y cuestionándonos la validez de esas conexiones.

> *Nuestros pensamientos nos forman; nos convertimos en lo que pensamos. Cuando la mente es pura, la alegría continúa como una sombra que nunca se va.*
>
> —Buddha

¿Te acuerdas de Wendy de **La Encuesta**? Ella creía que "las personas flacas son superficiales", lo que le impedía perder peso. Wendy quedó atrapada en un **Enlace**, una situación en la que, sin importar lo que eligiera hacer, perdería. Si cumplía sus objetivos de peso, tendría que sufrir por ser superficial y tener poco respeto por sí misma. Por otro lado, mantenerse donde estaba significaba ser obesa y prediabética. Debido a que ambas opciones eran dolorosas, era más fácil mantenerse con el estatus quo. Era más fácil continuar con los hábitos que tenía establecidos, que intentar superar el obstáculo creado por su miedo a la superficialidad.

Greg se acercó a mi esposo, Dave, y a mí a pedirnos consejos sobre negocios. Quería hacer más dinero, pero seguía ganando menos de lo que necesitaba para vivir. Dave y yo hemos aprendido a lo largo de los años, que el **Plan Financiero** de alguien es un indicador crucial de su eventual éxito a nivel financiero y comercial. Las narrativas que contamos sobre nosotros, sobre otros y sobre el mundo, forman nuestro **Plan**. Así como el plano de un arquitecto establece los parámetros para lo que se convertirá en un edificio, nuestro **Plan** mental define los parámetros de nuestra vida. Si, por ejemplo, nuestro **Plan** incluye la creencia de que el mundo es un lugar inseguro, seremos menos aventureros, confiaremos menos y seremos menos calmados. Si creemos que el dinero nunca se nos presenta, estudios han demostrado, que dejaremos pasar el efectivo que está enfrente de nuestras narices, sin mencionar otras oportunidades financieras. Teniendo, al final del día, menos dinero en nuestro bolsillo.

Para evaluar el **Plan Financiero** de Greg, le pedimos que completara la **Encuesta** de la Mente Millonaria desarrollada por T. Harv Eker, que presenta una lista exhaustiva de creencias limitantes acerca del dinero y el éxito. La declaración en la que obtuvo el puntaje más alto fue, "la gente rica es malvada". De inmediato supimos que Greg estaba atrapado en un Enlace de perder-perder. O era bueno y pobre, o malvado y rico. Ninguna de esas opciones era atractiva. Greg no quería seguir siendo un perdedor en el juego del dinero, por lo que usamos la Indagación para cuestionar su pensamiento.

Chana: ¿Puedes saber con total certeza que las personas ricas son malvadas?

Greg: Si. Solo mira a cómo-se-llame, ese tipo de la bolsa de valores.

Chana: ¿Cómo reaccionas cuando crees que la gente rica es malvada?

Greg: Me frustro. Me caliento y quiero pegarle a alguien.

Chana: ¿Cómo se siente tu cuerpo?

Greg: Tenso. Todo está tenso. Y caliente.

Chana: ¿Qué no puedes hacer cuando crees que la gente rica es malvada?

Greg: No puedo estar en el momento presente. Solo estoy pensando en personas ricas que he escuchado que les han hecho daño a otras. Mi cabeza se convierte en un noticiero.

Chana: Ahora cierra los ojos e imagina que estás en tu escritorio trabajando en tu negocio. Estás hablando con un cliente y estás enfocado en sus necesidades.

Greg: Okey. Puedo ver eso.

Chana: Ahora observa lo que sucede cuando viene a visitarte la creencia de que la gente rica es malvada.

Greg: Me siento débil. Cansado. No quiero escribir el correo electrónico. Lo empujaré hasta mañana…

Chana: Entonces ¿Por qué crees que ese pensamiento te debilita?

Greg: Hmm… Buena pregunta. No quiero ser malvado, pero en ese momento no soy tan amable. El cliente me está pidiendo ayuda y lo estoy rechazando. Ese no es el tipo de comportamiento de consciencia elevada en el que espero participar.

Chana: Parece que crees que ese pensamiento te protegerá de ser una persona malvada.

Greg: Pensé que lo haría. Pero… Ouch.

Chana: ¿Por qué dijiste eso?

Greg: Me acabo de imaginar todo flojo y perezoso y al mismo tiempo tenso y enojado. No creo haber sido una buena persona cuando me siento así. Si algo, me vuelvo egoísta y arrogante.

Chana: ¿Qué quieres hacer?

Greg: Me gustaría pensar en esto de manera diferente. No quiero estar tan enojado.

Chana: ¿Qué sería una manera diferente?

Greg: Supongo que podría cuestionar si las personas ricas son malvadas.

Chana: ¿Cuál sería una alternativa?

Greg: Las personas ricas son buenas.

Chana: ¿Cómo es eso cierto?

Greg: No lo sé. Estoy atorado.

Greg ha construido un camino neuronal robusto entre dos cualidades humanas: Rico y Malvado. Como todas las cualidades, estas dos existen en diferentes personas en diferentes grados. Algunos son delincuentes sin riqueza. Algunos usan tácticas engañosas para desfalcar dinero. Otros están nadando en efectivo y son grandes filántropos y líderes. También hay por supuesto, personas sin hogar que ayudan a otros con lo poco que tienen. Si ojeas tu rolodex mental, encontrarás ejemplos de todo esto. Voy a invitar a Greg a hacer lo mismo.

Chana: ¿Conoces personalmente a gente adinerada?

Greg: Si. A Rick y a Tommy.

Chana: ¿Y son malvados?

Greg: (se ríe)

Chana: ¿Por qué te ríes?

Greg: Los conozco. Han sido mis vecinos durante años, pero de alguna manera, en mi cabeza, tuve que bloquearlos para poder creer que los ricos son malvados.

Chana: ¿Por qué es eso?

Greg: Porque son los tipos más generosos que conozco. Están constantemente dando caridad y ofreciendo su tiempo para ayudar a otros.

Chana: ¿Puedes darme otra razón por la que los ricos son buenos?

Greg: Si. Rick es como una de las pocas personas en la ciudad que es exitoso debido a su negocio. Se ha enriquecido con eso, pero otras personas también se han beneficiado. Como Harry. Ha estado empleado por la lavandería de Rick durante años, y no solo puede poner comida en la mesa, está ahorrando para su jubilación. Harry ama su trabajo.

Chana: ¿Una razón más?

Greg: Una imagen de Bill Gates pasó por mi cabeza. Solía odiar sus agallas porque era todo alto y poderoso, tomándose el mundo con Microsoft, pero luego vi su charla de TED. Dedica miles de millones de dólares y la mayor parte de su tiempo a curar la malaria y a educar a las personas. Eso es bastante bueno.

Chana: Excelente. ¿Puedes darle otro giro a que las personas ricas son malvadas?

Greg: ¿Los ricos no son malvados? ¿No es lo mismo?

Chana: Suena similar, pero es posible que te sorprendan las diferentes perspectivas que ofrece tu mente con un ligero cambio en el lenguaje.

Greg: Bien. Okey, tengo uno.

Chana: ¿Cuál?

Greg: Bueno, está ser bueno, como dar caridad o crear empleos. Pero también está el no ser malvado, que tiene que ver con el carácter de una persona, cómo se comporta.

Chana: ¿Y cómo piensas que se comporta la gente rica?

Greg: Supongo que no lo sé. Sinceramente no me he detenido a pensar en ellos como personas.

Chana: Si tuvieras que adivinar, los dueños de los negocios: ¿hacen más dinero siendo honestos y justos o haciendo trampa y siendo malvados?

Greg: Nunca lo pensé de esa manera.

Chana: ¿De qué manera?

Greg: Bueno, sé que, si entro en una lavandería, por ejemplo. la de Rick, y fueran groseros o me cobraran extra, dejaría de ir allí.

Chana: ¿Qué significa eso para ti?

Greg: No puedo creer que estoy diciendo esto, pero entiendo que hay que ser bastante honesto en los negocios para lograr el éxito. Y amable también.

Chana: ¿Cómo te hace sentir darte cuenta de esto?

Greg: Bien. Más tranquilo. Calmado. Como que soy más honesto conmigo mismo. Pero ahora la idea de Enron apareció en mi cabeza.

Chana: ¿Por qué?

Greg: Supongo que no quiero que me agarren desprevenido. Fueron super deshonestos y se metieron con mucha gente.

Chana: ¿Tienes que creer que las personas ricas son malvadas para ser consciente?

Greg: No. Supongo que no. Podría hacer mi investigación antes de hacer una inversión. Pero igual. Enron es algo grande. Engañaron incluso a los expertos.

Chana: ¿Algo grande cómo?

Greg: Aparecieron en todas las noticias, y la gente habló de eso por meses.

Chana: ¿Aparecieron en todas las noticias porque los ricos son malvados?

Greg: Si. Bueno, espera. Déjame pensar acerca de esto. Las noticias generalmente anuncian cosas que son sorprendentes. Si fue sorprendente lo que hizo Enron, entonces supongo que es inusual. Ahora que lo pienso, probablemente podrías salirte con la tuya manteniendo secretos por un tiempo, pero eventualmente caerás como pasó con Enron. A la larga, para las personas que se preocupan por el éxito de su negocio y su reputación, ser tramposos de forma solapada probablemente sea inefectivo.

Chana: ¿Qué quieres hacer?

Greg: ¡No quiero ser tramposo! Quiero ser un chico bueno y honrado. Y quiero construir un negocio exitoso.

Chana: ¿Cómo podrías hacer eso?

Greg: Creo que pegar principios en mi pared sería útil. Quiero recordar lo que es importante para mí.

Chana: ¿Como qué?

Greg: Honestidad, Decencia, Respeto. Además, quiero garantizar mis productos porque quiero que el cliente sea feliz. Y quiero ser justo con mis empleados y proveedores (se hunde).

Chana: ¿Por qué cambió tu postura?

Greg: No les he estado pagando a tiempo. Eso no está bien. Voy hacer de eso un principio: pagarles a todos a tiempo.

Chana: ¿Algo más?

Greg: Sí, quiero crecer como persona, y quiero que mi negocio sea un vehículo para eso.

Chana: ¿Cómo?

Greg: Hmm… a través de libros y clases. Apuesto a que hay personas que enseñan como hacer crecer un negocio con principios sólidos. Podría leerlos, mirarlos y compartirlos con mi personal.

Chana: ¿Cómo te sientes?

Greg: Fuerte. No queda ira. Estoy emocionado de moverme hacia adelante.

Chana: ¿Hay algo más que quieras hacer?

Greg: Si. ¿Podemos trabajar en el resto de mis creencias falsas de esta **Encuesta**?

Greg había decidido subconscientemente que era infinitamente mejor ser una persona honrada, endeudada que una tramposa solapada sin una base financiera sólida. Por lo tanto, siempre había demasiado mes al final de su dinero. Al participar en la indagación, Greg pudo desenredar la conexión que había establecido entre la riqueza y el mal y liberarse para perseguir el éxito financiero y una vida altamente consciente.

> Podemos quedarnos estancados en un **Enlace**, cuando creemos que dos cosas que queremos son mutuamente excluyentes y pueden engañarnos a pensar que no importa lo que hagamos, vamos a perder. Hacer un **Estudio de Doble Enlace**, nos permite cuestionar la lógica subyacente de nuestras creencias y nos abre a nuevas formas de pensar.

Peso Muerto

Arrastrando significados
pesados a términos neutrales.

> *"La historia está llena de peso muerto de cosas que han escapado el control de la mente, pero que empujan al hombre con una fuerza ciega."*
>
> —F. M. Powicke

En el Estudio de **Doble Enlace**, tuvimos la oportunidad de ver cuan destructivo puede ser entrelazar dos ideas sin pensar en las consecuencias de tal matrimonio de significados. En esta sección, profundizaremos en cómo nuestras mentes comprenden el mundo y cómo podemos evitar desarrollar creencias que causan todo tipo de estragos. Afortunadamente para nosotros, Greg cargaba mucho **Peso Muerto**, dándonos mucho material para explorar.

Chana: ¿Hay otras creencias en La Encuesta que te llamen la atención?

Greg: Sí. "Si pido ayuda, la gente pensará que soy débil."

Chana: ¿Qué tanto te identificas con esa?

Greg: Obtuve un puntaje de 9 de 10.

Chana: Me di cuenta que apretaste los ojos.

Greg: Estoy avergonzado de solo pensarlo.

Chana: Entonces, ¿Si necesitas asesoramiento en cómo construir tu negocio…?

Greg: Trataría de resolverlo por mi cuenta.

Chana: ¿Y cómo te ha funcionado eso?

Greg: Yo me retuerzo mucho. He aprendido bastante por las malas.

Chana: Has tenido que hacerlo; estás cargando **Peso Muerto.**

Greg: ¿Qué quieres decir?

Chana: Has igualado buscar ayuda con debilidad.

Greg: Es otro **Doble Enlace**. Puedo obtener ayuda y ser débil, o luchar solo y ser fuerte.

Chana: Exactamente. Lo conseguiste.

Greg: Entonces, ¿Qué es el **Peso Muerto**?

Chana: Es una cadena que has atado a una palabra o concepto. Sabes que estás cargando **Peso Muerto** cuando algo que deseas está arrastrando algo que detestas. Están enredados entre sí, lo que te hace sentir retorcido por dentro.

Greg: Si. Así es exactamente cómo me siento. Tenso y con náuseas.

Chana: Entonces, cuando crees que, si pides ayuda, la gente pensará que eres débil, ¿qué es lo que deseas?

Greg: Si fuera sincero conmigo mismo, pedir ayuda probablemente me llevaría al éxito mucho más rápido que hacerlo solo.

Chana: Exacto. La ayuda es tu objetivo. El **Peso Muerto** es lo que estás evadiendo.

Greg: Debilidad.

Chana: El miedo a ser débil es tan fuerte, que evita que sigas adelante.

En la **Programación Neuro-Lingüística (PNL),** hablamos de tres formas en que la mente desarrolla su mapa (historias y creencias sobre el yo, la vida y el universo) y procesa el mundo exterior.

Usamos **Generalizaciones** para dar sentido rápidamente al mundo.

Es útil suponer que la cosa redonda enfrente de la silla del conductor, funcionará igual que la cosa redonda en un automóvil alquilado para que no tenga que redescubrir el timón cada vez que me subo a un vehículo. Sin embargo, puede ser destructivo utilizar una experiencia negativa con un hombre como base para creer que "Todos los hombres son idiotas."

Usamos la **Distorsión** para alterar la realidad y adaptarla a nuestras creencias.

> Puedo entrar en un apartamento deteriorado y usar la distorsión para imaginar cómo se vería con algunos retoques y una nueva capa de pintura. Por el contrario, también puedo usar esta facultad, para alterar perjudicialmente mi forma de escuchar la oferta de asistencia por parte de otra persona como un intento de manipularme.

Usamos la **Eliminación** para filtrar los estímulos que no atienden a nuestras creencias.

> Mientras me concentro en escribir estas palabras, es importante que ignore el susurro de las hojas afuera de mi ventana o el cambio sutil de temperatura provocado por mi aire acondicionado. Sin embargo, para mi propio mal, la eliminación podría hacerme ignorar una llamada telefónica de un nuevo conocido si creo que "nadie quiere ser mi amigo":

A medida que notamos estos procesos desarrollándose, podemos comprender visceralmente cómo nuestra consciencia está creando su versión de la realidad minuto a minuto. No podemos evitar que nuestras mentes generalicen, distorsionen y eliminen información, sino nos volveríamos locos. Lo que podemos hacer es examinar las creencias que componen nuestros mapas. Como es cierto con todas las creencias con **Peso Muerto**, Greg utilizó la generalización para hacer una suposición global sobre lo que significa buscar ayuda. Probablemente desarrolló esta creencia a una temprana edad, antes de tener la oportunidad de examinar su sabiduría. Desde entonces, ha estado distorsionando y eliminando su experiencia de la realidad para notar solo a las personas que han sido debilitadas por la ayuda de otros, en lugar de fortalecerse por ella.

Greg: Sin embargo, es difícil para mí imaginar que pedir ayuda no es para débiles. ¿Eso significa que hay algo mal conmigo?

Chana: Escucho lo fuerte que crees esto. Es por eso que la indagación te va ayudar. Voy a reflejarte tu pregunta. ¿Pedir ayuda significa que hay algo mal contigo?

Greg: Si. Así se siente.

Chana: Ahora me gustaría que involucraras tu intelecto. ¿Puedes saber con toda certeza que es verdad que pedir ayuda significa que eres débil?

Greg: Todavía quiero decir que sí.

Chana: Gracias por tu honestidad. Eso es lo que estamos buscando aquí. Ahora, ¿Cómo reaccionas cuando crees que pedir ayuda significa que hay algo mal contigo?

Greg: Tenso. Quiero esconder mi cara en mis manos. Quiero ser pequeño y esconderme.

Chana: ¿Qué eres incapaz de hacer cuando crees en el pensamiento?

Greg: Seguro que no puedo pedir ayuda. Creo que también me pongo más tonto. Es como si ni siquiera pudiera pedirme ayuda a mí mismo. No me siento competente ni ingenioso. (Sus ojos se abren mucho)

Chana: ¿Por qué se abrieron tanto tus ojos?

Greg: Me acabo de da cuenta de lo débil que sueno. Es como si ya fuera débil incluso sin pedir ayuda. Me vuelvo tan pequeño por el miedo a parecer débil, que es difícil hacer cualquier cosa.

Chana: Creo que estás listo para ofrecer alternativas a esta creencia. ¿Cuál es el opuesto de que pedir ayuda significa que hay algo mal contigo?

Greg: ¿Pedir ayuda significa que no hay nada malo conmigo?

Chana: Si. Dame tres razones por las que eso es cierto.

Greg: Hice mi mejor amigo en la universidad al pedirle a este niño en el patio que tocaba bongos, que me enseñara a tocar. Estaba tan emocionado de compartir lo que sabía, que eso nos unió.

Chana: Dos más.

Greg: Hmm…. No se me ocurre nada más.

Chana: ¿Alguna vez contratas a algún experto para que te haga algún trabajo?

Greg: Contrato a un contador para que haga mis impuestos. Supongo que eso es buscar ayuda. Sin embargo, nunca lo pensé de esa manera.

Chana: ¿Por qué no?

Greg: Supongo que eso implicaría admitir que estaba recibiendo ayuda. De ser así, nunca hubiera contratado a un contador, y realmente habría arruinado la presentación de mis impuestos.

Chana: Entonces inventaste una historia de que contratar a un contador no es "buscar ayuda", para que aún puedas sentirte bien con la decisión.

Greg: Si. Oh. Acabo de pensar en algo. Mis clientes me piden ayuda todo el tiempo. Por eso me contratan.

Chana: ¿Y crees que hay algo mal en ellos?

Greg: En realidad, creo que son inteligentes al contratar a un consultor para que haga en unas horas lo que les llevaría meses aprender a hacer. Simplemente parece eficiente.

Chana: Así que, te dedicas a ayudar a la gente. Trabajas con personas que buscan ayuda todo el tiempo y -

Greg: Y nunca los veo como débiles por pedir ayuda. De hecho, me molestan los que fingen saber más de lo que saben y no piden aclaraciones ni asistencia. ¡Ja!

Chana: ¿Por qué te reíste?

Greg: Me acabo de dar cuenta de que pedir ayuda no hace a mis clientes débiles; ¡los hace fuertes! Me encanta trabajar con los que hacen preguntas aclaratorias y obtienen los mejores resultados aplicando lo que les enseño.

Chana: ¿Cómo te sientes?

Greg: Como si veinte millones de ladrillos acabaran de rodar por mis hombros. Me he estado escondiendo de expertos como yo que están ansiosos por enseñar lo que saben, ¡me he retenido tanto!

Chana: ¿Qué quieres hacer?

Greg: Quiero ser real con la gente. Quiero pedir ayuda cuando la necesite. Pero también quiero aplicar lo que aprendo y alegrar a mis maestros por haber invertido en mí.

Chana: ¿Sientes que terminamos con el tema?

Greg: Si, gracias.

Chana: Un placer.

Greg había entrelazado dos conceptos: buscar ayuda y debilidad. Pedir ayuda es un término neutral; no significa nada más que lo que decidimos adjudicarle. La debilidad se convirtió en **Peso Muerto** que no le permitía a Greg vivir libremente y pedir la ayuda que podría impulsarlo hacia adelante. Cuando dejó ir esa vieja cadena, se volvió libre de buscar ayuda simplemente porque la quería y vio la sabiduría en aprender de aquellos con más experiencia que él. Una vez que se liberó de las cadenas de la debilidad, Greg se convirtió en un lector voraz, se inscribió en cursos de negocios y marketing, y contrató a un coach de negocios para que lo ayudara a llevar su consultoría al siguiente nivel.

> Cuando atribuimos un significado negativo a algo que necesitamos o queremos, sabemos que estamos cargando **Peso Muerto.** Al cuestionar nuestro pensamiento, podemos desenredar la suposición de que lo que deseamos es incorrecto o inalcanzable, desatar nuestro **Peso Muerto,** y liberarnos para pedir, recibir, y disfrutar de las bendiciones que nos esperan.

Descarga una hoja de trabajo de **Peso Muerto** de la **Sección de Bonos Gratis** de mi página web:

Hold.ChanaMason.com/bonus

Reacción/ Contracción:
EXPERIMENTANDO TU SUFRIMIENTO

Debes asumir responsabilidad personal. No puedes cambiar las circunstancias, las estaciones, o el viento, pero puedes cambiarte a ti mismo. Eso es algo de lo que estás a cargo.

—Jim Rohn

Ahora que hemos identificado cómo las creencias y el lenguaje pueden hacernos tropezar, es hora de ver, cómo, precisamente, nuestros sentimientos y comportamientos pueden llevarnos a la verdad. Si eres como yo, es posible que te encuentres balanceándote entre las emociones como un péndulo, sin saber necesariamente cómo o por qué. Parar y entender el efecto de nuestras reacciones emocionales a nuestro pensamiento, nos puede ayudar a cambiar nuestra consciencia ya que cada emoción que experimentas es producto de un pensamiento. En esta sección, vamos a explorar cómo es que respondes a tu pensamiento y cómo tus reacciones pueden guiarte a saber si un pensamiento es útil o dañino.

La Anatomía De La Retroalimentación

Una comprensión de cómo tu fisiología y tus emociones responden a tus creencias.

> *Si pones tu mano en el fuego, ¿Alguien tiene que decirte que la quites? ¿Tienes que decidir? No: Cuando tu mano comienza arder, se mueve. No la tienes que dirigir; la mano se mueve sola. De la misma manera, una vez que entiendes, a través de la indagación, que un pensamiento falso causa sufrimiento, te alejas de él.*
>
> —Byron Katie

La mayoría de las personas no son conscientes de que ellos son sus pensamientos. No reconocen que su cuerpo y sus emociones están reaccionando a su pensamiento y que pueden desenredarse de las creencias que están causando su sufrimiento. En mis talleres, me gusta darles a los participantes una prueba visceral de lo que yo llamo la **Anatomía de la Retroalimentación**: su respuesta fisiológica y psicológica única, a la verdad o a la falsedad.

Cuando creemos lo que es verdad, nuestro cuerpo manifiesta un tipo de experiencia; cuando estamos apegados a lo que es falso, manifestamos algo completamente distinto. Aquí hay un guion básico de una sesión de **Anatomía de la Retroalimentación**. Tómate un momento para probarlo tú mismo:

ANATOMÍA DE LA FALSEDAD

Cierra los ojos. Toma tres respiraciones lentas y profundas.

Piensa en un momento en el que te sentiste desconectado de ti mismo, de otros, del mundo (lo divino). Intenta ubicarte en ese momento tan vívidamente como puedas. Sube el volumen de las imágenes, los colores, los sonidos, y los olores a tu alrededor. Presta atención a cómo te sientes en este momento.

¿Cómo está tu respiración? ¿Profunda o poco profunda?

¿Cuál es tu ritmo cardíaco?

¿Qué quiere hacer tu postura?

¿Tus músculos se sienten tensos o flojos?

¿Qué está pasando en tu pecho?

¿Qué sientes en tu estómago?

¿Qué pensamientos pasan por tu mente?

¿Qué emociones te surgen?

Toma tres respiraciones más, lentas y profundas, abre los ojos y escribe tus respuestas.

Ahora tienes un sabor más claro de cómo reaccionas ante la falsedad. He hecho esto con cientos de personas, y todas sus respuestas se ajustan a un patrón similar. Dicen que experimentan rigidez en su cuerpo, pensamiento ansioso o violento, y emociones oscuras. Ahora tienes tu propia **Anatomía de la Falsedad** en papel como referencia para el futuro.

ANATOMÍA DE LA VERDAD

Cierra los ojos de vuelta. Toma tres respiraciones lentas y profundas, y aclara tu mente.

Piensa en un momento en el que te sentiste conectado contigo mismo, con otros, con el mundo (lo divino). Intenta ubicarte en ese momento tan vívidamente como puedas. Sube el volumen de las imágenes, colores, sonidos y olores a tu alrededor. Presta atención a cómo te sientes en este momento.

¿Cómo está tu respiración? ¿Profunda o poco profunda?

¿Cuál es tu ritmo cardíaco?

¿Qué quiere hacer tu postura?

¿Tus músculos se sienten tensos o flojos?

¿Qué está pasando en tu pecho?

¿Qué sientes en tu estómago?

¿Qué pensamientos pasan por tu mente?

¿Qué emociones te surgen?

Toma tres respiraciones más, lentas y profundas, abre los ojos y escribe tus respuestas (si estás facilitando a otra persona, repite cada pregunta una por una).

¿Cómo fue reaccionar a la verdad? Por lo general se manifiesta como apertura y ligereza en el cuerpo, claridad de pensamiento y emociones brillantes. Ahora también tienes tu **Anatomía de Verdad** en papel.

La **Anatomía de la Retroalimentación** es esencial para la indagación. Reconocer tu respuesta a la **Verdad** o la **Falsedad** será invaluable al determinar si un pensamiento es útil o perjudicial para ti, haciendo tu camino hacia una vida harmoniosa y alegre mucho más fácil.

> Utiliza la ***Anatomía de la Retroalimentación*** si desconoces tu respuesta psicológica o fisiológica a los pensamientos estresantes. Esta herramienta también es una excelente manera de comenzar una relación con un nuevo cliente o taller grupal para ayudar a las personas a aprender rápidamente que su fisiología y sus emociones pueden decirles mucho sobre su pensamiento.

Descarga una hoja de trabajo de **Anatomía de la Retroalimentación** de la **Sección de Bonos Gratis** de mi página web:

Hold.ChanaMason.com/bonus

El Buffet De Experiencia

Una colección de preguntas que sacan a carne viva las reacciones variadas tanto fisiológicas y psicológicas de una persona, a un pensamiento.

Es la marca de una mente educada poder entretener un pensamiento sin aceptarlo.

—Aristóteles

Me encanta como la indagación nos ayuda a separar fácilmente la verdad de la ficción, la alegría del dolor y la experiencia percibida de la realidad objetiva. Experimentamos esta distinción más que todo cuando contrastamos nuestras reacciones entre creer un pensamiento y vivir sin él. Cuando preguntamos: "¿Cómo reaccionas cuando crees ese pensamiento?" saboreamos visceralmente el sufrimiento que una creencia está generando en nuestras vidas. Otras preguntas revelan capas aún más profundas de nuestras reacciones.

Al igual que un buffet de fiesta, el **Buffet de Experiencia**, de sub-preguntas resalta sabores únicos y específicos de un pensamiento particular. En el diálogo a continuación verás muchos de los "platos" en el **Buffet de Experiencia** en acción. He compilado una lista exhaustiva de preguntas al final de este capítulo.

Toni, albergaba un tremendo resentimiento hacia un compañero de casa que tuvo en la universidad. Los años ya habían pasado, pero la ira de Toni apenas había disminuido. No tenía claro exactamente por qué estaba enojada, así que le pedí que **Charlara**.

Toni: Éramos cuatro, incluida Zoe. Cuando primero firmamos el departamento, redactamos una lista de las reglas de la casa. Se suponía que debíamos turnarnos para limpiar la cocina, el baño y los espacios compartidos. Además, teníamos que comprar suministros como papel higiénico, jabón y cosas así. Y el propietario estipuló que pagáramos el alquiler antes del 1º de cada mes. Un mes después del primer año, Zoe rompió con su novio. Ella estaba destrozada emocionalmente, así que le dimos mucho espacio para llorar y lamentarse. Pero al mes siguiente no tenía su renta lista para el 1º. El resto de nosotras tuvimos que contribuir para compensar, lo que significaba que no podía salir a tomar café o a cenar hasta que finalmente nos pagara, lo cual no fue hasta el día 15. Pero era difícil enojarse ya que ella estaba muy molesta. Le dimos un poco más de espacio. Las tres recogíamos su ropa de la sala de estar, lavábamos los platos y limpiábamos el maldito inodoro cuando era su turno. ¡Eso apestaba! Pero pensamos que querríamos que alguien nos ayudara si estuviéramos pasando por un momento difícil. En el segundo semestre, no mucho había cambiado. Ella dejaba desastres por todas partes, ¡era tan desagradable! Mis otras compañeras se cansaron tanto de todo eso. Solo querían echarla.

Chana: Entonces, ¿lo hicieron?

Toni: No. ¿Cómo podíamos? No tenía donde ir y…. Quiero decir, ella pensaba que se iba a casar con este tipo. Yo no quería ser insensible.

¿Puedes adivinar las creencias que persisten debajo de la Charla de Toni? Me gustaría que dejaras de leer, sacaras un papel y un bolígrafo, y escribieras todos los pensamientos inquietantes que asumes que Toni cree, ya sea porque ella los dijo directamente, o los insinuó entre líneas. Una vez que termines, echa un vistazo a lo que he escrito en mi bloc de notas:

Zoe debería haber limpiado la cocina, el baño, etc.

Zoe debería hacer pagado la renta a tiempo.

Ella debería haber compartido la misma responsabilidad en el departamento.

Ella debería haber seguido las reglas.

No deberíamos haber tenido que pagar el alquiler atrasado.

No debería haber tenido que limpiar sus desastres.

No pude echarla.

No tenía a donde ir.

Si la hubiera echado, hubiera sido muy insensible con ella.

Ella debería haber sido más respetuosa.

Podría leerle la lista a Toni, pero quiero ver si ella puede identificar la creencia que más le molesta por sí misma.

Chana: ¿Qué de esta situación es lo que más te molesta?

Toni: Que ella no me respetó. Eso no fue para nada agradable.

Chana: Esto suena como el lugar perfecto para comenzar. ¿Puedes pensar en un momento en específico en el que albergaste la creencia de que ella no te respetaba?

Toni: Um…. Sí. Hubo un día en el que tuve una cita con este chico que realmente me gustaba. Lo invité a casa, y sus cosas estaban todas regadas en el sofá y sus platos sucios de dos noches atrás se estaban pudriendo en el fregadero. Fue tan asqueroso.

Chana: Y en ese momento, estabas creyendo el pensamiento, "Ella no me respeta."

Toni: ¡Sí!

Chana: ¿Puedes saber con certeza que ella no te respeta?

Toni: Si. Es obvio.

Chana: ¿Cómo reaccionas cuando crees eso?

Toni: Quiero golpearla. Me enojo mucho.

Chana: ¿**Cómo te sientes, en tu cuerpo,** cuando crees que ella no te respeta?

Toni: Todo se pone tenso. Mi pecho se pone al rojo vivo. Mis puños se aprietan. Quiero gritar.

Chana: ¿Qué temes que suceda si no creyeras que ella no te respeta? **(Monstruos Bajo la Cama)**

Toni: Entonces sería una persona que se deja influenciar. No me defendería por mí misma.

Chana: Entonces si no lo creyeras, ¿serías alguien que se deja influenciar? ¿Eso es cierto?

Toni: Oh. En realidad, no. Era muy influenciable en ese entonces. No me defendía a mí misma para nada.

Chana: Entonces creer en el pensamiento….

Toni: ¡Me obligó a hacer cosas que quería evitar! ¡Eso apesta!

Chana: Si. Y en ese momento, ¿Cómo te tratas cuando crees que ella no te respeta?

Toni: Oh. No me cuido. Estoy demasiado ocupada echando humo. Estoy tan avergonzada y humillada en frente de este chico, que estoy molesta.

Chana: ¿Y cómo la tratas a ella?

Toni: La evito. No puedo mirarla a los ojos. O soy demasiado amable con ella porque me siento mal.

Chana: ¿Y qué no eres capaz de hacer cuando crees que ella no te respeta?

Toni: No puedo pensar con claridad. No puedo estar tranquila. Solo estoy echando humo por mis orejas.

Chana: ¿Puedes decirme una razón tranquila para mantener el pensamiento?

Toni: No. Me pongo furiosa con solo una pista de que el pensamiento va a llegar.

Chana: Ahora respira profundo y despéjate. Cierra los ojos e imagínate en tu apartamento con sus platos en el fregadero y sus cosas en el sofá. ¿Cómo estás sin el pensamiento de que ella no te respeta?

Toni: Estoy más tranquila. Puedo recoger rápidamente las cosas del sofá y tirarlas a la habitación de Zoe. Y no es tan vergonzoso con el chico. Seamos honestas; estoy segura que su apartamento es una pocilga.

Chana: Entonces, vamos a darle la vuelta. Zoe no te respeta. ¿Puedes girarlo 180 grados? ¿Cuál es el opuesto?

Toni: Zoe… ¿No es tan mala?

Chana: No estamos tratando de ser sofisticados con las vueltas. Usemos un lenguaje simple. ¿Qué es lo contrario de "Zoe no te respeta"?

Toni: ¿Zoe me respeta?

Chana: Eso es. Ahora dame tres razones por las que eso es cierto.

Toni: Ella quería seguir viviendo conmigo. Y que yo sepa, ella no chismeaba sobre mí.

Chana: ¿Qué más?

Toni: Ella me invitó a su casa hace un par de años. Y me envío una tarjeta deseándome felices fiestas en Diciembre. Supongo que asumí que no me respetaba. Pero, ¿Por qué otra razón no seguiría las reglas?

Chana: ¿Le has preguntado?

Toni: No, no lo he hecho. En realidad, no tengo idea de lo que ella pensaba.

Chana: ¿Cómo te sientes?

Toni: Avergonzada.

Chana: ¿Por qué?

Toni: Hice suposiciones sobre ella y la juzgué.

Chana: ¿Por qué te sientes avergonzada por eso?

Toni: Porque quiero ser más considerada que eso.

Chana: ¿Tienes que sentirte avergonzada para ser así?

Toni: Eso creo…

Chana: Bueno, ¿cómo te comportas cuando te sientes avergonzada?

Toni: Quiero esconderme. No quiero hablar con nadie. Cien por ciento no quiero llamar a Zoe.

Chana: ¿Sentirte avergonzada te ayuda a ser más considerada?

Toni: Oh, no. Totalmente lo contrario. Creo que prefiero ser considerada. Debería llamar a Zoe y disculparme. También podría preguntarle por qué se comportó como lo hizo y decirle como me sentía al respecto. Eso me despejaría, y podríamos ser amigas sin este elefante peludo en la habitación.

Chana: Mientras tanto, démosle la vuelta a este pensamiento de nuevo. ¿Qué es otro opuesto de que ella no te respeta? Intenta cambiar el sujeto en la frase.

Toni: ¿Yo no me respeto?

Chana: Si. ¿Cómo es eso cierto?

Toni: Um. No siempre soy tan amable conmigo misma. Como que… Disfruto de una habitación ordenada, pero a menudo no hago mi cama o dejo que mi ropa sucia se acumule en la esquina. Y en mi cabeza a veces me llamo tonta, estúpida u olvidadiza.

Chana: Centrémonos en la situación del apartamento. ¿De qué otra forma no te respetaste a ti misma?

Toni: No lo sé.

Chana: Parece que las reglas del apartamento eran importantes para ti.

Toni: Si.

Chana: ¿Tú las respetabas?

Toni: Seguro que sí. Siempre limpiaba y pagaba a tiempo.

Chana: ¿Y qué hay de Zoe?

Toni: Ella no cumplía con las reglas en lo absoluto.

Chana: Y le permitiste continuar haciendo eso.

Toni: Si. Oh. Así es como yo no cumplí las reglas. La dejé a ella romperlas. Ella no respetó las reglas. Yo no respeté algo que era importante para mí.

Chana: ¿Qué temías que sucedería si tú defendías las reglas? (Monstruos)

Toni: Hubiera tenido que echarla.

Chana: Y ¿Qué temías que pasara si la echabas?

Toni: ¡Me odiaría! Pensaría que soy horrible.

Chana: ¿Y qué significaría eso? (Cajero Automático)

Toni: Tal vez que soy una mala persona.

Chana: Entonces, si echabas a Zoe ¿significaría que eras una mala persona?

Toni: Oh. No. Eso no tiene sentido.

Chana: ¿Qué más podría significar?

Toni: Simplemente podría significar que romper las reglas tiene consecuencias.

Chana: Sí.

Toni: ¿Podría realmente ser tan simple?

Chana: ¿Qué crees tú?

Toni: Supongo que sí. Si no pago mis impuestos, o no me detengo en un semáforo, me multan. La verdad es que, si no la hubiéramos cubierto, nuestro arrendador nos habría echado a todas. Pero en realidad, ¡era su culpa!

Chana: Entonces, ¿qué te enseña eso sobre tu vida ahora?

Toni: A veces no defiendo lo que es importante para mí porque intento ser amable. Pero realmente no me estoy respetando a mí misma y luego me resiento y culpo a todos los demás por no cuidar de mis reglas.

Chana: ¿De quién es ese trabajo?

Toni: ¡Totalmente mío!

A continuación, está el **Buffet de Experiencia,** una lista de preguntas obtenidas de los diálogos grabados y escritos por Katie. Al igual que en un buffet de brunch, puedes escoger qué preguntas serán tu pan y mantequilla y cuáles usar ocasionalmente como guarniciones. No hay una cantidad correcta o incorrecta de preguntas. Cuanto más preguntes, más profunda será tu comprensión. Usa lo que sea cómodo y apropiado para la situación.

Ten en cuenta que no todas las preguntas son relevantes para la Indagación en cuestión, por lo que preguntar más, puede ser menos, al distraerte o confundirte. Sé creativo y flexible, diviértete y recuerda abrir un espacio seguro para tus reacciones al pensamiento. Con un poco de suerte, ¡tendrás la barriga llena y el cinturón desajustado al final de la comida!

a. ¿Qué imágenes ves, pasado y futuro, cuando crees en el pensamiento?

b. ¿Qué sensaciones físicas surgen al pensar el pensamiento y ser testigo de esas imágenes?

c. ¿Qué emociones surgen cuando crees en el pensamiento?

d. ¿En qué asunto estás metido cuando crees en el pensamiento? (**Ver No Hay Asuntos Como tus Asuntos**)

e. ¿Cuándo fue la primera vez que recuerdas haber creído en el pensamiento? (**Ver La Máquina del Tiempo**)

f. ¿Comienzan a aparecer obsesiones o adicciones cuando crees en el pensamiento? (**Ver Bucle de Adicción y Torbellino de Agresión**)

g. ¿Cómo tratas a la(s) personas(s) en esta situación cuando crees en el pensamiento?

h. ¿Cómo te tratas a ti mismo cuando crees en el pensamiento?

i. ¿Tienes una razón para abandonar el pensamiento?

j. ¿Puedes encontrar una razón tranquila para mantener el pensamiento?

k. ¿Qué temes que pasaría si no creyeras en el pensamiento? (**Más Monstruos Debajo de la Cama para indagar**)

l. ¿Qué ganas tú/ tu ego / personalidad al creer en el pensamiento?

m. ¿Qué no puedes hacer o ver cuando crees en el pensamiento?

n. ¿El pensamiento trae paz o estrés a tu vida?

Utiliza el **Buffet de Experiencia** cuando desees una comprensión profunda de un pensamiento dado, en todas sus manifestaciones variadas.

Descarga una hoja de trabajo de **Buffet de Experiencia** de la **Sección de Bonos Gratis** de mi página web:

Hold.ChanaMason.com/bonus

La Máquina Del Tiempo

Facilitando la indagación con tu "yo" más joven, quién desarrolló una creencia que ahora aprecia.

> *El mundo no tiene sentido.*
> *Nosotros le damos sentido al mundo.*
>
> —Barry Neil Kaufman

¿Te acuerdas de Melanie? En **Solo Postres**, le pedí que escribiera una lista de razones por las que sentía que merecía a los chicos "perdedores" con los que estaba saliendo y otra lista de por qué no merecía a un "ganador". En la segunda lista, escribió que tenía miedo de aprovecharse de un "buen" chico. Después de haber trabajado con Melanie durante un par de meses, para mí estaba claro que ella era considerada y amable. Era la última persona que yo imaginaría aprovechándose de alguien. Estaba muy lejos de su carácter.

Le pregunté qué cosa sobre su comportamiento la hacía sentir así sobre sí misma, y ella dijo que no coincidía con su comportamiento; simplemente se sentía así. Una indagación básica no la ayudaría, porque ella ya pensaba que la creencia era ilógica. Sin embargo, no podía sacudirla. Debido a que esta creencia estaba tan fuera de contacto con su realidad actual, mis instintos me dijeron que se había formado más temprano en la vida de Melanie.

Al igual que un rasguño puede dejar una cicatriz permanente en nuestra rodilla, una creencia formada en momentos menos conscientes de nuestras vidas, puede quedarse pegada a nosotros permanentemente. Para sanar esa "cicatriz de pensamiento" me parece útil volver al momento y cuestionar la lógica de esa persona más joven. Así que invité a Melanie a entrar en la **Máquina del Tiempo**. Cerró los ojos, respiró lento y se relajó. La animé a confiar en cualquier recuerdo que surgiera cuando le preguntara:

Chana: ¿Cuándo fue la primera vez que recuerdas haber creído que podrías aprovecharte de alguien?

Melanie: Tengo siete. En la casa de mi papá. Solo somos él y yo. Estoy en la mesa de la cocina haciendo la tarea, y él está en la estufa cocinando la cena.

Chana: ¿Y crees que podrías aprovecharte de alguien?

Melanie: Si. Me estoy aprovechando de mi papá.

Chana: ¿Cómo?

Melanie: Él está haciendo la cena. Yo no. No lo estoy ayudando.

Chana: ¿Él está diciendo algo sobre qué te estás aprovechando de él?

Melanie: No. Pero se siente como si lo hiciera.

Al preguntar, "¿Cuándo fue la última vez que recuerdas creer ese pensamiento?" Empujo a Melanie a un momento más formativo: en este caso cuando tenía 7.

Debido a que Melanie formó (o solidificó) la creencia de que podría aprovecharse de una buena persona cuando tenía 7 años, trabajar con esa niña de 7 en lugar de con Melanie de 20 y algo, en realidad tiene un mayor impacto para la consciencia cognitiva y para el cambio. Una creencia limitante es una especie de trauma. Nos corta de la alegría de la vida y se congela en nuestra consciencia en un momento particular de nuestro desarrollo.

Invitaré a Melania a facilitar una Indagación con su ella más joven mientras yo la guío. Puedes hacer esto con tus propias creencias con un diario y dos bolígrafos de colores - uno para ti y otro para tu yo más joven - o escribiendo la voz de tu yo más joven con tu otra mano.

Chana: Quiero que cierres los ojos. Bien. Ahora, mira a la pequeña Melanie, la niña de 7 años en la mesa. ¿Puedes verla claramente?

Melanie: Si.

Chana: Pregúntale si puedes ir a la cocina. Mira a ver si te puedes sentar junto a ella.

Melanie: Ella está bien con eso.

Chana: Vamos a indagar sobre esta creencia que ella tiene, de que está aprovechándose de su padre. Pero en lugar de yo facilitarte, juntas vamos a facilitarla a ella.

Melanie: Okey.

Chana: Excelente. Entonces la primera pregunta que hacemos es, "¿es cierto que estas aprovechándote de papá?"

Melanie: Ella está asintiendo.

Chana: ¿Puedes saber con total certeza que te estás aprovechando de papá? ¿Puedes estar totalmente segura?

Melanie: Supongo que no.

Chana: ¿Cómo te sientes cuando crees eso?

Melanie: Me pongo triste y estoy avergonzada. No tengo ganas de comer.

Chana: ¿Qué no puedes hacer cuando crees que te estás aprovechando de papá?

Melanie: No puedo divertirme con él. No puedo disfrutar al máximo de la cena.

Chana: ¿Qué más?

Melanie: Es difícil hacer mi tarea. Es difícil concentrarse.

Chana: Ahora, imagina que estás sentada allí haciendo tu tarea sin pensar en que estás aprovechándote de tu papá. ¿Cómo estás?

Melanie: Oh. Um. Solo estoy haciendo mi tarea, que no es tan difícil cuando puedo concentrarme. Y luego tengo tiempo para hablar con papá sobre mi tropa de Niñas Exploradoras. ¡Es mi primer año y realmente me gusta!

Chana: Y ¿Cómo se siente tu cuerpo sin el pensamiento?

Melanie: Simplemente normal. Estoy bien. Mi estómago no está tan anudado.

Chana: Bien. Ahora te voy a pedir que juegues un juego que se llama Darle la Vuelta ¿Okey?

Melanie: Okey.

Chana: Dime el contrario de "te estás aprovechando de papá."

Melanie: Um… ¿No me estoy aprovechando de papá?

Chana: Si. ¡Excelente! Ahora, en esta parte del juego, damos tres razones por las que eso es cierto.

Melanie: Um…

Chana: Mira su cara. ¿Cómo crees que se siente al hacer la cena?

Melanie: Oh. Él está feliz. Parece que le gusta preparar la cena.

Chana: ¿Es así como te sientes cuando piensas que alguien se está aprovechando de ti?

Melanie: No. Entonces, supongo que no me estoy aprovechando de papá. Genial.

Chana: ¿Cuál es otra razón?

Melanie: Yo no le pedí que hiciera la cena. El simplemente la está haciendo.

Chana: ¿Qué más?

Melanie: No lo sé.

Chana: Melanie Grande, ¿puedes ayudarme aquí con alguna idea?

Melanie: La verdad sí. Sé sobre custodia ahora; papá no tenía que compartir custodia, pero el decidió hacerlo. Él quería estar conmigo. Y a veces me llevaba a casa noches extra para poder pasar aún más tiempo conmigo.

Chana: Lo que significaba que también tenía que alimentarte.

Melanie: Si. Estaba feliz de alimentarme. Quería cuidarme.

Chana: Entonces no te estabas aprovechando de él.

Melanie: No.

Chana: Pequeña Melanie, ¿puedes darme otro opuesto? Quizás, esta vez, cambia "él" por "yo".

Melanie: ¿Me estoy aprovechando de mí?

Chana: Si. ¿Cómo es eso cierto?

Melanie: No me estoy permitiendo estar cómoda y ser feliz. Estoy esperando de mí misma ser una adulta. No me estoy dejando ser una niña y que alguien cuide de mí.

Chana: Entonces incluso cuando tu papá está haciendo algo bueno por ti -

Melanie: No lo dejo entrar. Eso apesta.

Chana: Melanie Grande, ¿hay momentos en tu vida actual en los que sientes que otros se están aprovechando de ti?

Melanie: Sin lugar a duda.

Chana: Como cuando, ¿por ejemplo?

Melanie: Bueno, el último chico con el que salí, Brad, solía aprovecharse de mí todo el tiempo.

Chana: Dame un ejemplo específico.

Melanie: Una vez, me preguntó si quería alquilar una película. Yo le dije que sí. Y luego me preguntó qué película quería ver. Y yo dije, El Diario de una Princesa. Y luego él dijo, ¿qué tal Batman? Yo dije, está bien. Así que vimos Batman.

Chana: ¿Cómo se aprovechó de ti?

Melanie: Terminamos viendo una película que yo no quería ver.

Chana: ¿Entonces por qué dijiste que querías verla?

Melanie: Quería que fuera feliz.

Chana: Entonces, ¿quién se aprovechó de ti?

Melanie: ¡Oh! ¡ya entiendo! ¡Fui yo!

Chana: Si. ¿Por qué dijiste que querías verla cuando no querías?

Melanie: No quería que se enojara conmigo.

Chana: ¿Qué temes que sucedería si estuviera enojado?

Melanie: Entonces ya no le gustaría más. Rompería conmigo.

Chana: Entonces cambiaste tu felicidad por su aprobación.

Melanie: Eso es muy cierto.

Chana: Pero luego lo resentiste por eso.

Melanie: Si. Pensé que se estaba aprovechando de mí, que me estaba manipulando.

Chana: Dale la vuelta. Tú estabas…

Melanie: ¿Yo lo estaba manipulando a él?

Chana: La manipulación se trata de ser astuto y deshonesto para obtener algo de alguien que no crees que te dará si hablas con sinceridad. Brad estaba sugiriendo una película que él prefería. No te puso una pistola en la cabeza, ¿verdad? Sin embargo, mentiste cuando dijiste que estabas bien viendo Batman.

Melanie: Exactamente. No fui honesta con él. Pensé que no le agradaría si fuera yo misma.

Chana: Volvamos a nuestra vuelta anterior. Dime otra forma de cómo te aprovechas de ti misma.

Melanie: A veces tomo turnos en el trabajo a pesar de que no quiero hacerlo. Quiero ser súper complaciente con todos los miembros del equipo.

Chana: Todos menos tú.

Melanie: Todos menos yo. Significa que tengo que cancelar planes o cambiar mi vida. ¡Es un dolor! Y luego me enojo con ellos por preguntarme.

Chana: ¿Cómo pueden ser tan desconsiderados?

Melanie: (Risas). Pero en realidad, no estoy siendo considerada conmigo misma.

Chana: ¿Una manera más de cómo te aprovechas de ti misma?

Melanie: No son solo turnos adicionales. Realmente quiero renunciar a mi trabajo, pero siento que decepcionaré al equipo.

Chana: Entonces te decepcionas a ti misma en vez.

Melanie: Sip.

Chana: Me relaciono.

Melanie: Lo estoy sintiendo. Esto es divertido. Pensé que este proceso dolería, pero en realidad es bastante cómico.

Chana: Regresa por un momento e imagínate en la cocina con tu padre. ¿Qué ves ahora?

Melanie: Él es dulce. Está feliz de hacerme la cena. Me ama y quiere hacer algo para cuidarme. Mi papá es increíble.

Chana: ¿Y cómo quieres pagarle por esa amabilidad?

Melanie: Estoy bastante segura de que estaría feliz con solo un abrazo y un "gracias."

Chana: ¿Puedes darle eso?

Melanie: Si. Eso se siente bien. Las dos estamos abrazando a papá. Está haciendo una de sus caras chistosas, y lo estamos imitando y riendo. Es un momento dulce.

Chana: Entonces ahora tienes una nueva memoria.

Melanie: Si.

Chana: ¿Y qué piensas de la idea de que te estabas aprovechando de tu papá?

Melanie: ¡Eso es ridículo! Él solo me estaba haciendo la cena. Él estaba siendo papá, y yo una niña.

Chana: ¿Cómo te sientes ahora?

Melanie: Quiero llamar a mi papá. Quiero agradecerle. No creo haberle agradecido lo suficiente. He estado demasiado ocupada tratando de no aprovecharme de él. Pero apuesto a que eso lo lastimó mucho más.

Melanie creyó un pensamiento sobre sí misma que era discordante con su carácter. Un viaje en la **Máquina del Tiempo** la animó a buscar claridad y paz. No sólo pudo sentirse más segura de sí misma pero también más agradecida y amorosa hacia su padre.

> Usa la **Máquina del Tiempo** cuando estés lidiando con creencias que te cuesta sacudir o que experimentas como algo central en tu identidad, pero de manera dolorosa e inútil.

No Hay Asunto Como Tus Asuntos

Aquello que tienes el poder
de controlar, impactar y cambiar.

> *Hay tanto que podemos hacer para prestar un servicio, para marcar una diferencia en el mundo -sin importar cuán grande o pequeño sea nuestro círculo de influencia.*
>
> —Stephen R. Covey

Stephen Covey enseña un concepto que ha impactado significativamente a mi familia: los Círculos de Influencia y los Círculos de Preocupación. En los 7 Hábitos de la Gente Altamente Efectiva, comparte que hay una gran cantidad de ideas, eventos y personas a las que nos exponemos a diario: los vecinos se están divorciando, hay niños hambrientos en África, algún político está teniendo una aventura.

Si estamos expuestos a estos problemas y estamos preocupados por ellos, entonces se encuentran dentro de nuestro círculo de preocupación.

La pregunta es: ¿Podemos hacer algo al respecto? ¿Tenemos el poder de afectar los resultados? ¿Son estas áreas, donde podemos ejercer el poder disponible para nosotros?

También en mi círculo de preocupación está la dieta que como. Siendo la chef de la familia, ejerzo una enorme cantidad de poder sobre los alimentos que compro, lo que se sirve en la mesa y lo que elijo comer. En consecuencia, además de caer en el círculo de preocupación, mi dieta también entra dentro de mi círculo de influencia.

El círculo de influencia incluye todo en el círculo de preocupación sobre lo cual tengo control para efectuar un cambio, como mi estado de ánimo, qué organizaciones benéficas apoyo, o cómo voto en una elección.

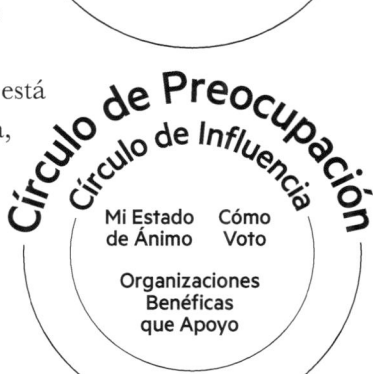

Stephen Covey dice que cuando enfoco mi energía en asuntos del mundo en los que no puedo influir, mi círculo de preocupación se expande, mientras que mi círculo de influencia se reduce, ya que solo tengo una cantidad de energía limitada para gastar.

También es cierto que cuánto más invierto en mi Círculo de Influencia, más se expande y más efectivo soy en el mundo. Entonces, ¿quiero ser un ciudadano preocupado o influyente?

Cuando estamos rondando por la parte del Círculo de Preocupación sobre la cual no tenemos influencia, tendemos a sentirnos enojados, tristes o frustrados. Byron Katie dice que es porque estamos escarbando en los asuntos de otros y hemos abandonado los nuestros. Nos convertimos en víctimas de nuestra preocupación sobre lo que no podemos controlar.

Meterse en los **Asuntos** de otras personas, puede ser como pisar un chicle: no siempre sabemos que lo hemos hecho de inmediato, pero en poco tiempo, nos encontramos atrapados en un lugar, incapaces de avanzar.

Tendemos a pensar que todo lo que nos importa o nos afecta es "**Asunto** nuestro", pero en términos de indagación, un **Asunto** incluye solo aquellas cosas sobre las cuáles tienes control inmediato y el poder de efectuar cambio. En otras palabras, tu **Asunto** es lo que se encuentra dentro de tu círculo de influencia. Veamos si la preocupación de Ralph por el divorcio de su vecino también reside allí:

> *Ralph*: Pelean todo el tiempo, y los niños están angustiados por perder a su familia. Es muy triste porque el tipo es un gran esposo y papá. Él está tratando tanto de estar allí para los niños, ¡Ni siquiera quería el divorcio en primer lugar! Ella está siendo desconsiderada al dejarlo.

Para Ralph, esta situación se siente como un **Asunto** suyo, porque son sus vecinos, pertenecen a su comunidad, él se preocupa por los niños y su futuro.

La realidad es que él no es el que tiene que vivir con ese matrimonio día tras día. No conoce toda la información, y no es él quien decide si irse o quedarse al final del día. Está totalmente fuera de sus **Asuntos**, y al tratar de mantener el matrimonio de sus vecinos, se divorció a el mismo de su círculo de Influencia.

Chana: Crees que tu vecina no debería dejar a su marido.

Ralph: Sí.

Chana: ¿Puedes saber con certeza que es verdad que ella no lo debería dejar?

Ralph: No *con certeza*.

Chana: ¿Y cómo te sientes cuando crees en el pensamiento?

Ralph: Frustrado, enojado.

Chana: ¿Qué más?

Ralph: Me siento solo. Un poco abandonado. Excluido.

Chana: ¿Qué sensaciones aparecen en tu cuerpo cuando crees que ella no debería dejar a su marido?

Ralph: Mi cuerpo se pone tenso, pierdo concentración y quiero simplemente apagarme.

Chana: ¿Cómo te tratas ti mismo cuando crees en el pensamiento?

Ralph: Me ignoro. Mis necesidades no importan mucho.

Chana: ¿Entonces te dejas a ti mismo?

Ralph: Si.

Chana: ¿Y cómo tratas a tus vecinos cuando crees el pensamiento?

Ralph: Casi que ignoro a la esposa completamente. Así que supongo que a ella también la dejo. ¿Y al marido? Me compadezco de él, pobre tipo.

Chana: ¿Cómo crees que se siente acerca de la lástima que le tienes?

Ralph: Creo que se pone aún más triste. Como si su vida no tuviera esperanza. Hmm… No me había dado cuenta de eso.

Chana: Entonces, ¿En qué **Asunto** estás metido cuando crees que ella no debería dejarlo?

Ralph: ¡En el mío! ¡Son mis vecinos! Nuestros hijos son amigos y todo.

Chana: ¿Y cuánto poder tienes para controlar sus acciones?

Ralph: Ninguno.

Chana: Entonces ¿estás en tus **Asuntos**?

Ralph: Estoy confundido.

Ralph necesita comprender mejor el concepto de **Asunto**, por lo que lo guiaré a través de un ejercicio de visualización: **De Vuelta en Tus Asuntos**. Te invito a probarlo también.

Chana: Cierra los ojos, respira un par de veces y relájate. Ahora coloca tu mano en la parte de tu cuerpo que sueles hacer cuando dices "yo soy". Siente la energía bajo tu mano. Imagina que toda tu energía se acumula en ese lugar y estás centrado allí, en lugar de dispersarte. Piensa: "yo soy, yo soy, yo soy", y siente la energía bajo tu mano. Observa cómo te centra y te sostiene. ¿Sientes tu vitalidad allí?

Ralph: *(con su mano en el pecho)* Si. Me siento tranquilo aquí. En paz. Mi mente está en silencio. Es como estar sentado en un sofá cálido.

El foco y la energía de Ralph están volviendo a sí mismo, a sus propios **Asuntos**.

Chana: Ahora, imagina a tu vecino, parado en frente de su casa, y tú estás creyendo el pensamiento de que su esposa no debería dejarlo. Siente lo que le sucede a esa energía bajo tu mano. ¿Cambia de alguna manera? ¿Se queda donde está o se va a otro lado?

Ralph: Está temblorosa y agitada. Y ya no está en mí. La veo a la distancia - con él.

Chana: ¿Está realmente con él, o simplemente está flotando?

Ralph: Está flotando.

Chana: ¿Cuánto poder tienes por allá?

Ralph: Ninguno. No puedo cambiar su situación por mucho que piense en intentarlo.

Chana: Y ahora que la energía te ha dejado, ¿qué sientes en tu cuerpo?

Ralph: Se siente vacío. Triste. Mi cuerpo quiere colapsar.

Chana: Esto se debe a que te has dejado a ti mismo, a tus **Asuntos**, tu centro de poder, y saltaste a los **Asuntos** de tu vecino.

Ralph: Oh. Lo entiendo. Aunque él es mi vecino, no puedo cambiarlo, y claro que no puedo cambiar a su esposa.

Chana: Ahora, respira hondo e imagínate en la casa de tu vecino sin el pensamiento de que ella no debería dejarlo. ¿Cómo estás sin él?

Ralph: Estoy más relajado y más presente. Como cuando puse la mano sobre mi pecho.

Chana: Entonces, démosle la vuelta. ¿Qué es lo contrario de ella no lo debería dejar?

Ralph: ¿Ella debería dejarlo?

Chana: Si. Dame tres razones por las que eso es cierto.

Ralph: Ella no se ve feliz.

Chana: ¿Prestaste atención a eso cuando creías que ella no debería?

Ralph: No. No era relevante en absoluto.

Chana: Es bueno notarlo. Dame dos razones más por las que ella debería dejarlo.

Ralph: Pelean todo el tiempo. Incluso podemos escucharlo desde mi habitación en las noches. Intentaron terapia, y fue un fracaso total.

Chana: ¿Una más?

Ralph: En realidad, uno de sus hijos le dijo a mi hija que está cansada de todas las peleas. Los niños preferirían que sus papás no vivieran juntos.

Chana: Vamos a darle la vuelta de nuevo. Entra tú en la ecuación esta vez.

Ralph: Yo no debería dejarlo.

Chana: ¿Cómo es eso cierto?

Ralph: Cuando estoy ocupado compadeciéndolo, realmente no puedo ser su amigo. Es como si lo estuviera mirando con pesar. Además, no lo estoy ayudando a creer que tiene la fuerza para sobrevivir esto. La gente se divorcia todo el tiempo y sigue adelante, pero debe ser difícil para él cuando su amigo lo está empujando a luchar contra la realidad todo el tiempo.

Chana: ¿Qué más?

Ralph: Él podría aprovechar el apoyo en este momento. Podría pasar más tiempo con él. Podríamos salir a tomar una cerveza una vez a la semana; apuesto a que eso le encantaría. Y no sería tan pesado como quejarse en su patio trasero, que generalmente es donde terminamos cuando queremos pasar un rato juntos. Pensé que para ser un buen amigo tenía que humillar y resentir a su esposa, pero puede que él necesite algo de diversión en su vida.

Chana: ¿Y tú?

Ralph: Totalmente. Tampoco quiero estar envuelto en tanta energía negativa.

Chana: ¿Cuál es otra vuelta que podemos dar, de pronto esta vez sobre tu matrimonio? Queremos enfocarnos en tus Asuntos.

Ralph: No debería dejar.... A mi esposa.

Chana: Háblame sobre eso.

Ralph: Cuando estoy ocupado pensando en ellos, no estoy presente para ella. Hay tantas maneras en las que podría ser un mejor esposo.

Chana: Ahí es donde está tu poder. En tus elecciones, tus comportamientos. ¿Cómo puedes estar más presente para tu esposa?

Ralph: A ella le encantan los mensajes. Puedo ofrecerle más de lo que hago ahora. Y cuando nos casamos, le dije que lavaría los platos, pero ella casi siempre los lava. Podría hacer más cosas así en la casa.

Chana: ¿Y una más?

Ralph: No la he sorprendido con nada romántico en…. Guau… En un largo tiempo. Debería llevarla a bailar swing. Ambos disfrutamos de eso.

Chana: ¿Qué se siente estar en tus **Asuntos**?

Ralph: Fortalecedor. Éstas son cosas que puedo hacer. Me quedé tan atrapado en la vida de mis vecinos que ni siquiera me di cuenta que no estaba presente en la mía.

Chana: Ahora voy a presionarte para que encuentres una vuelta más. No deberías dejar….

Ralph: ¿A mí mismo?

Chana: Si. ¿Cuándo estás ocupado en los **Asuntos** de tu vecino, quién está contigo?

Ralph: Oh. Me dejo a mí mismo. Me siento increíblemente solo.

Chana: Entonces dame tres razones por las cuáles es cierto que no deberías dejarte.

Ralph: No debería abandonarme porque necesito mi energía para todas las cosas que quiero hacer en mi vida. Y… odio cómo se siente.

Chana: ¿Qué más?

Ralph: Porque entonces estoy en mis **Asuntos**.

Chana: Si.

Ralph: Ahí es donde quiero estar.

Es fácil revolcarnos en nuestro Círculo de Preocupación y juzgar el comportamiento de otros. También es completamente desalentador. Aunque centrarnos en nuestras propias acciones requiere mucho más trabajo, es mucho más efectivo y fortalecedor. Cuanto más tomemos los juicios que tenemos de los demás y los señalemos a nosotros mismos, más podremos aprender sobre cómo crear un cambio significativo para mejorar. Con cada acción empoderada que tomamos, aumentamos nuestro Círculo de Influencia.

> Usa la visualización **De Vuelta en tus Asuntos** cuando quieras volver a tu centro y encontrar tranquilidad. Al comprender cómo se siente estar en tus **Asuntos**, estás más empoderado para vivir desde ese lugar y aprender que ¡No Hay Asuntos como tus Asuntos!

Descarga una hoja de trabajo de **No Hay Asuntos como tus Asuntos de la Sección de Bonos Gratis** de mi página web:

Hold.ChanaMason.com/bonus

El Tribunal

El lugar al que van nuestras mentes en un intento de juzgarnos "objetivamente" a nosotros mismos y a nuestras experiencias.

> *Lo que podemos o no podemos hacer, lo que consideramos posible o imposible, rara vez es una función de nuestra verdadera capacidad. Es más probable que sea una función de nuestras creencias sobre quiénes somos.*
>
> —Tony Robbins

Heather vino a mí buscando un poco de dirección en su vida, pero cada vez que tratábamos de entrar en un proceso de visualización para imaginar cómo se vería un futuro convincente, descarrilaba la conversación. Finalmente la confronté al respecto:

Chana: ¿Cuál es el desafío sobre imaginarte un futuro emocionante para ti misma?

Heather: Es difícil creer que algo de eso realmente pueda suceder.

Chana: ¿Por qué?

Heather: Porque no podría hacer todo el trabajo que se necesita para que pase.

Chana: ¿Por qué crees eso?

Heather: Soy perezosa. Siempre lo he sido. Nunca sigo adelante con lo que me propongo.

Chana: Entonces echemos un vistazo a esa creencia. Quizás vale la pena cuestionarla.

Heather: Está bien.

Chana: ¿Puedes pensar en un momento en el que fielmente creyeras que eres perezosa?

Heather: Si. La semana pasada cuando estaba sentada frente a la computadora. Se suponía que debía estar trabajando en mi currículum para aplicar a trabajos. Pero estaba revisando Instagram en vez.

Chana: Eres perezosa. ¿Es verdad?

Heather: Si. Estoy perdiendo tiempo.

Chana: ¿Puedes saber con certeza que eres perezosa?

Heather: Claro que sí.

Chana: ¿Cómo reaccionas cuando crees que eres perezosa?

Heather: Mi cuerpo se hunde. Me siento agotada.

Chana: ¿Qué más?

Heather: Quiero hacerme una bola y esconderme debajo de las sábanas. Me siento deprimida.

Chana: ¿Qué temes que sucedería si no creyeras que eres perezosa?

Heather: Entonces nunca haría nada. ¡Mi departamento sería asqueroso!

Chana: Y dime, ¿Qué no puedes hacer cuando crees en el pensamiento?

Heather: No quiero hacer nada excepto acurrucarme en mi cama con una bolsa de papas fritas.

Chana: Entonces, ¿el pensamiento te está ayudando a hacer lo que tienes que hacer?

Heather: No. Nada que ver. Justo lo contrario.

Chana: Así suele suceder. Y ¿en qué **Asunto** estás metida cuando crees en el pensamiento?

Heather: En el mío. Estoy hablando de mí, ¿cierto?

La forma más insidiosa de abandonar nuestros Asuntos, es cuando nos juzgamos con declaraciones como:

Debería perder peso

No soy lo suficientemente inteligente

Merezco algo mejor

Soy egoísta

Creemos que estamos metidos en nuestros **Asuntos**, porque creemos que nuestros pensamientos somos nosotros. Lo que echamos de menos, es que, al creer en estos juicios, dejamos nuestro centro de poder por completo. Para ayudar a Heather a comprender esto, la guié en la visualización **De Vuelta a Tus Asuntos.**

Chana: Cierra los ojos. Respira profundamente y coloca tu mano donde normalmente la colocas cuando dices, "yo soy". Siente la energía bajo tu mano. Este es tu centro de poder, es donde retienes la energía que te vitaliza, sostiene tu cuerpo e impulsa tus acciones. Ahora, piensa en otra persona en tu vida que a menudo defines como perezosa. ¿La tienes?

Heather: Si. Este chico Greg del trabajo.

Chana: Ahora quiero que sientas lo que le sucede a esa energía bajo tu mano cuando crees en ese pensamiento, "es perezosa".

Heather: Simplemente se sale de mí. Se derrite de mis dedos de los pies y va nadando hacia donde Greg.

Chana: ¿Y qué le pasa a tu cuerpo?

Heather: Colapsa. Como un títere.

Chana: ¿Nada te está sosteniendo?

Heather: No. Y me siento triste. Y triste aquí.

Chana: Porque te has dejado a ti misma. Has abandonado tus **Asuntos**.

Heather: Entiendo.

Chana: Y estás por allá metida en los **Asuntos** de Greg.

Heather: Pero realmente no. No es que pueda cambiarlo ni nada.

Chana: Exacto. Es sólo un pensamiento deseoso excepto la parte sobre tu pérdida de energía.

Heather: Si. Se siente muy real.

Chana: Porque lo es. Ahora sacúdelo y despéjate. Toma otra respiración profunda y siente tu energía de nuevo. Bien. Ahora, Observa lo que sucede cuando crees que tú eres perezosa.

Heather: Uy. La misma cosa. Estoy agotada.

Chana: Has dejado tus **Asuntos**.

Heather: ¿Pero a donde podría ir? No se trata de Greg; es sobre mí.

Chana: Te has permitido saltar al **Tribunal**. No solo estás jugando al fiscal, alegando que eres perezosa. ¡También estás en el asiento del juez y en la mesa del jurado decidiendo el veredicto!

Heather: ¿Por qué?

Chana: Porque para juzgar algo, tenemos que pararnos fuera, y con portapapeles en mano, hacer todo tipo de evaluaciones al respecto. Nos dejamos para juzgarnos.

Heather: Ok. Lo entiendo. Ya no estoy presente en el momento. Es como si me estuviera observando a mí misma.

Chana: Exacto.

Nos calificamos con un estándar Platónico sobre lo que es una cantidad ideal de inteligencia, o belleza, o fuerza, no solo para nosotros, sino para la situación. Este juicio requiere un nivel de conocimiento que va más allá de lo humano. Es pura arrogancia pensar que podemos saber tales cosas. Cuando Heather se describe a sí misma como perezosa, asume que sabe exactamente cuánto esfuerzo le exige el universo en un momento dado y de cuánto es capaz. Ella simplemente inventó el estándar con el que se compara a ella misma. No es real. La capacidad de cada ser humano es única, por lo que no existe una métrica precisa.

Chana: Ahora la pregunta es: ¿Con qué estándar te estás evaluando?

Heather: Nunca pensé en eso. Bueno, en la escuela, nos decían la cantidad de tarea que debíamos hacer para obtener una A. ¿Entonces supongo que eso?

Chana: ¿Todos los maestros tenían los mismos estándares?

Heather: No.

Chana: ¿Entonces que estándar trajiste al **Tribunal**?

Heather: Buena pregunta. Supongo que el de mi papá. Es un trabajador incansable. Y mi maestro favorito en la secundaria. Mi profesor de biología, el Sr. Adams. Nos hacía un examen todos los Lunes y me encantaba que me fuera bien. Por lo general entraba en la curva. Los otros niños se burlaban de mí y me arrojaban bolas de saliva porque querían que la curva fuera más baja. Pero por dentro, estaba muy orgullosa de mí misma.

Chana: ¿Y quién decidió poner esos estándares en el **Tribunal**?

Heather: ¡Oh! ¡Yo!

Chana: Entonces, ¿De quién son los estándares?

Heather: Míos.

Chana: ¿Puedes estar absolutamente segura de que eres capaz de cumplir esos estándares todo el tiempo bajo cualquier circunstancia?

Heather: No. No puedo.

Chana: ¿Y puedes saber si ese estándar de trabajo es exactamente lo que tu o el mundo necesitan?

Heather: No. De ninguna manera.

Chana: ¿Cómo te hace sentir el estándar de trabajo que has creado?

Heather: Horrible. Es tanta presión; no puedo pensar con claridad. Quiero correr lejos.

Chana: Entonces te hace menos trabajadora.

Heather: Exacto. Es tan triste.

Chana: ¿Puedes pensar en una razón tranquila para mantener este estándar?

Heather: No. Es estresante.

Chana: Intentemos darle la vuelta al pensamiento. Al tratar con este tipo de creencias, nos beneficiamos enormemente al cambiar el sujeto en la oración de "yo" a "mi pensamiento."

Heather: Mi pensamiento es perezoso.

Chana: Sí. Dame tres razones por las que eso es cierto.

Heather: Mi pensamiento no funciona para mostrarme todas las formas en que me he esforzado por lograr mis metas. Mi pensamiento se centra en la misma pequeña colección de pensamientos todo el día. Es una pérdida de tiempo y es agotador.

Chana: Bien. Una más.

Heather: Está ocupado juzgándome, en lugar de tratar de encontrar soluciones a los problemas. Y mi pensamiento pierde mucho tiempo lloriqueando sobre cosas que no puedo cambiar.

Chana: Te empuja a la sala del **Tribunal.**

Heather: Lo cual es una fantasía. Sería mucho más útil completar la tarea enfrente de mí. Como mi currículum. Sin el pensamiento, en realidad se siente como una tarea mucho más pequeña.

Ayudarnos a sentirnos empoderados para lograr un cambio real en nuestras vidas es lo más poderoso que podemos hacer como facilitadores de nuestro crecimiento. Volver a nuestros **Asuntos** y centrarnos en permanecer allí, es una herramienta clave para inspirar ese empoderamiento.

> Utiliza la imagen de *El Tribunal* para comprender mejor, cómo, al juzgarte, has abandonado tus **Asuntos.** Al tratar de alcanzar un ideal supremo para tu vida, te conduces por un camino hacia el sufrimiento.

El Bucle De La Adicción Y El Torbellino De Agresión

Patrones de pensamiento y comportamiento destructivo que se alimentan mutuamente.

*Toda acción resulta del pensamiento,
por lo que son los pensamientos los que importan.*

—Sai Baba

¿Alguna vez dejas las noticias prendidas en el fondo porque "necesitas mantenerte al tanto de lo que está pasando?" o comer solo un bocado más de la torta de chocolate a pesar de que tu estómago está a punto de estallar? Tal vez alguien se te mete en el camino y te corta el paso, y explotas de la rabia, o tu pieza de porcelana china favorita se rompe y pateas la pared con furia, golpeándote el dedo meñique en el proceso.

En este capítulo, vamos a profundizar en lo desgastante y lo mucho que marean las **Adicciones** y las **Agresiones**. Cuando hablo de **Adicción**, no me refiero solo a las drogas o al alcohol. Estoy hablando de la variedad de comportamientos que TODOS hacemos para escapar, como comer poco saludable, quedarse horas en las redes sociales, o trabajar largos periodos de tiempo. Del mismo modo, la **Agresión** es cualquier estado de ánimo que se apodera de todo tu ser y te deja a ti y a otros revolcándose en el arrepentimiento.

A la mayoría de nosotros nos reconforta el hecho de que nuestras **Adicciones y Agresiones** son lo suficientemente socialmente aceptadas para que nadie nos presione a entrar en rehabilitación, pero, estos comportamientos causan estragos en nuestras vidas todos los días y no solo porque nos impiden vivir estilos de vida saludables. Es porque nos impiden enfrentarnos a uno de nuestros mejores maestros: el dolor.

Debes estar pensando: Dolor - ¿Un maestro? ¿Cómo puede ser eso? Karla aprendió exactamente cómo después de una sesión que comenzó luego de que me llamó en una rabieta.

Chana: ¿Qué pasa?

Karla: He estado trabajando en una publicación del blog por horas. Pasé los últimos días en eso, y ayer mi computadora se descompuso y ¡se borró todo!

Date cuenta que Karla simplemente ha declarado una colección de hechos: ella estaba trabajando, y el computador si se descompuso. Pero nuestro cerebro no solo procesa hechos: colorea nuestra experiencia a través del lente de nuestra creencia, razón por la cual la voz de Karla está cargada de frustración.

Chana: ¿Y por qué estás molesta?

Karla: ¿Qué quieres decir? ¡Claro que estoy molesta! ¿No te enojarías si tu trabajo hubiera sido borrado?

Chana: Si estuviera molesta, tendría mis razones. Lo más importante aquí son tus razones. ¿Qué significa para ti que tu trabajo haya sido borrado? (**Cajero Automático**)

Karla: Yo…No sé.

Chana: Tómate un momento para respirar y para pensar en ello. Tu computadora se descompuso, y tu publicación del blog se borró. Y eso significa…

Karla: Significa que, como siempre, las cosas simplemente no me funcionan.

¡Bingo! He aquí el por qué Karla está frustrada. No es que la computadora se averió, sino el gran simbolismo de la misma.

Chana: ¿Cómo reaccionas cuando crees que las cosas no funcionan para ti?

Karla: Ugh. Mi cuerpo se hunde. Me siento débil.

Chana: ¿Alguna emoción ha surgido?

Karla: Si…. Me siento triste. Y frustrada. Quiero rendirme.

Chana: ¿Qué no puedes hacer cuando crees que las cosas no funcionan para ti?

Karla: No puedo recordar lo que escribí. No puedo sentarme en la computadora y volver a intentarlo. Y… Oh si…. Ni siquiera pienso en pedirle a uno de mis amigos expertos en informática que intente ayudarme a recuperar el archivo. Simplemente se siente como algo perdido.

Chana: ¿Alguna película rodando en tu mente?

Karla: Si. De todas las veces que las cosas se fueron a la quiebra. Mi proyecto de ciencias en la primaria…Ahora veo la grande F en la parte superior de mi trabajo de historia de la universidad y el desagradable corte de pelo que tuve cuando tenía 8. Es una película tan miserable. Por eso no pude dormir anoche. Fue el especial de repetición de "Karla es una perdedora".

Cualquier motivación de avanzar ha desaparecido de Karla. En pocas palabras, tiene dolor mental y físico. Para la mayoría de nosotros, el dolor es tremendamente incómodo. Nuestra cultura nos empuja a evitarlo a toda costa. Entonces, ¿qué hacemos para combatirlo? Reunimos a nuestros dos mejores amigos: Lucha y huida.

Creencia falsa → **Emociones y fisiología dolorosas** → **Huida:** Adicciones: drogas, tiempo en la pantalla, comida chatarra
→ **Lucha:** Rebelión, culpa y resentimiento

La Lucha se manifiesta como rebelión, ira y culpa. En otras palabras, **Agresión**.

Chana: ¿Qué hiciste mientras no podías dormir?

Karla: Esto es muy vergonzoso. Le grabé un mensaje muy desagradable a mi amiga Allison. Ella fue quien me animó a comenzar el blog en primer lugar. Le hice una rabieta por como cinco minutos. Estoy tan humillada.

Chana: ¿Por qué?

Karla: Porque probablemente ahora me odia.

El Torbellino de Agresión ha comenzado. Karla está creyendo un pensamiento que le causa dolor, y para luchar contra él, se vuelve agresiva, pero la agresión la lleva de vuelta a su creencia original o a una similarmente destructiva.

Creencia Falsa → **Emociones y fisiología dolorosas** → **Lucha:** Rebelión, Culpa y Resentimiento (Torbellino de Agresión)

Chana: ¿Y cómo reaccionas cuando crees que ella probablemente te odia?

Karla: Lo creas o no, esta mañana, cuando me miré en el espejo, en realidad me abofeteé.

Chana: No te gustó la molestia que experimentaste cuando creíste que nada funciona para ti, por lo que trataste de liberarlo con Allison.

Karla: Si.

Chana: ¿Pero a que te llevó eso?

Karla: Más dolor. Oh… y más agresión. Podría estar corriendo en este círculo para siempre si no me detengo.

La huida parece más modesta que la lucha, pero solo estamos saliendo corriendo. La huida se manifiesta como **Adicción,** lo que incluye el tiempo frente a la pantalla y las drogas, pero también comportamientos que a menudo etiquetamos como "psicóticos", como pensamientos obsesivos u oscuros. Aunque parezca difícil de creer, los pensamientos de autolesión son una adicción que nos permite escapar de la historia insoportable que podríamos contarnos sobre nuestras vidas. Puede mantenernos tan ocupados que no enfrentamos ese montón de dolor podrido.

La noche de insomnio de Karla me hace preguntarme si esta situación es un desencadenante de adicciones. Sólo hay una forma de averiguarlo:

Chana: ¿Te surgió alguna adicción cuando creíste que las cosas no funcionan para ti?

Karla: Si. Anoche después de mi horrible mensaje a Allison, fui directamente a buscar mis comforts favoritos: helado de chocolate y una novela de pacotilla. Sé que es malo para mí y tan engordador, pero anoche no me importó.

Ya vemos que Karla juzga sus comportamientos adictivos como malos, engordadores y de pacotilla, y supongo que hay más juicio en camino:

Chana: ¿Cómo te sientes acerca del helado y la novela ahora?

Karla: Malísima. Prueba una vez más que nada funciona para mí.

Chana: ¿Por qué?

Karla: Porque, por un lado, rompí mi resolución de dejar de comer dulce; dos, no cumplí mi compromiso de terminar mi blog a tiempo; y tres, desperdicié horas sin hacer nada.

Karla ha agregado tres nuevas vías neuronales a esta creencia, por lo que se ha fortalecido dentro de su cerebro. Además de eso, reanudarla la hace sentir aún peor. Ella ahora tiene un montón más pesado que enfrentar.

Chana: Karla, ¿cuándo crees eso, qué quieres hacer?

Karla: ¿Honestamente? Esto va a sonar ridículo, pero… quiero más helado.

¡Exacto! Y estoy segura de que cuando abre el congelador se está diciendo a si misma "esta será la última…" Entonces se sentirá aún más asquerosa, lo que conducirá a más helado, y por supuesto, más asco. Karla se convertiría en un Hámster en una jaula, atrapada corriendo vueltas y vueltas en el **Bucle de Adicción.**

Creencia Falsa → **Emociones y fisiología dolorosas**
↑ Bucle de adicción ↓
Huida:
Adicciones: drogas, tiempo en la pantalla, comida chatarra

Una persona puede dar vueltas entre el **Torbellino de Agresión** y el **Bucle de Adicción,** saltando de ira a cocaína a violencia a pizza. Es por eso que vemos la ira y la adicción agrupadas como un paquete en tanta gente.

Podemos girar y girar entre el **Bucle de Adicción y el Torbellino de Agresión,** así que es importante verlos como un sistema emparejado. El siguiente diagrama muestra cómo un comportamiento aparentemente fuera de control tiene una progresión lógica y un remedio disponible:

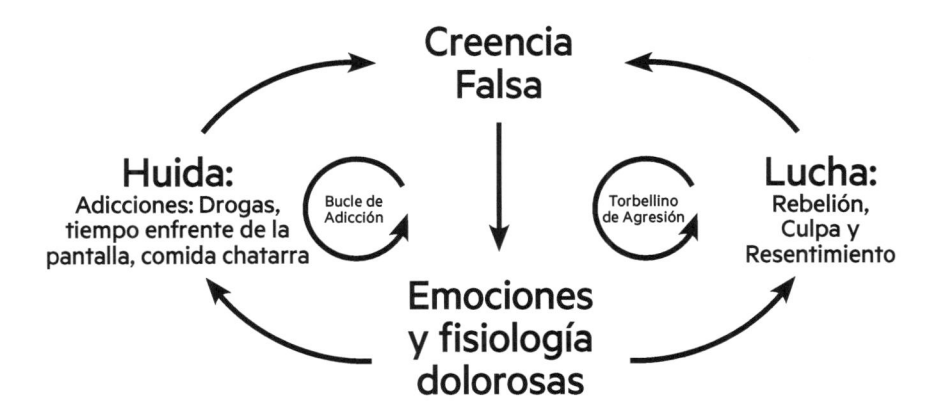

Creencia Falsa

Huida:
Adicciones: Drogas, tiempo enfrente de la pantalla, comida chatarra

Bucle de Adicción

Torbellino de Agresión

Lucha:
Rebelión, Culpa y Resentimiento

Emociones y fisiología dolorosas

¿Cómo detenemos estos ciclos locos? Activando la valentía. Brene Brown nos enseña que la valentía es la fuerza para compartir lo que hay en nuestro corazón, para ser vulnerables con nuestras emociones. Creo que, dado que somos nuestros peores críticos, también somos nuestro público más desafiante y al que tenemos que abrirnos más.

Primero, Karla tiene que permitirse sentir la tristeza que está hundiendo su cuerpo y la motivación en el suelo.

Karla: Es tan incómodo. Desearía poder solo comerme el helado.

Chana: ¿Tu realmente quieres el helado?

Karla: No. Preferiría tener paz y una buena noche de descanso.

Chana: Así que cierra los ojos y vuelve al momento en que te diste cuenta de que tu archivo se había borrado. Respira y permítete sentir sin juzgar los sentimientos o dejar que se vayan.

Karla: Está bien, estoy en eso.

Chana: El archivo se borró y estás molesta. Pero ¿estás bien?

Karla: Huh. Nunca lo pensé de esa manera. Si, estoy bien. No me estoy muriendo ni nada.

Chana: La pregunta es, ¿quieres continuar sintiéndote de la manera en cómo te estás sintiendo?

Karla: ¡Por supuesto que no!

Chana: ¿Entonces qué tienes que hacer?

Karla: Um…preguntar, "¿cuál es el pensamiento?" Es el que mencioné anteriormente. Nunca nada me funciona.

El dolor de Karla es una guía: el sufrimiento físico creado por sus pensamientos es la forma en que su cuerpo le hace saber que de alguna manera ella está luchando contra la realidad. Si no quiere seguir sufriendo, deberá reevaluar su pensamiento.

Chana: ¿Es verdad que las cosas nunca funcionan para ti?

Karla: Así se siente.

Chana: ¿Puedes saber con certeza que es verdad que las cosas nunca funcionan para ti?

Karla: No.

Chana: Tenemos una muy buena idea de cómo reaccionas cuando piensas en el pensamiento. Toma un momento para imaginarte frente a la computadora sin creer que las cosas nunca te funcionan.

Karla: Estoy molesta porque perdí mi archivo, pero no me siento devastada. Mi cuerpo no se está hundiendo en el suelo. Estoy en un modo más de resolución de problemas.

Chana: ¿Tienes antojo de helado sin el pensamiento?

Karla: No, simplemente quiero terminar el blog. Puedo verme llamando a un amigo para intentar recuperar el archivo o simplemente comenzar de nuevo. Terminaré más tarde de lo que esperaba, pero la reescritura será mucho más rápida porque tengo mis pensamientos mejor organizados ahora que cuando comencé.

Chana: Excelente. Abre los ojos de nuevo y dale una vuelta a "las cosas nunca me funcionan".

Karla: Las cosas sí me funcionan.

Chana: Dame tres razones por las que eso es igual o más cierto que tu pensamiento original.

Karla: A pesar de que mi computadora se descompuso por un momento, está funcionando nuevamente. Estoy entusiasmada con las ideas de esta publicación y sé qué, aunque me llevará horas extra de trabajo, será una buena publicación.

Chana: Una más...

Karla: Mi blog se ha vuelto más popular cada semana. Me está funcionando, a pesar de que originalmente tenía mis dudas de comenzar a compartir mis ideas en internet.

Chana: Wow. Eso es inspirador. ¿Puedes darle otra vuelta?

Karla: Mi pensamiento nunca funciona para mí.

Chana: ¿Y eso es cierto porque…?

Karla: Tuve este pequeño tropiezo, y mi pensamiento lo convirtió en una gran saga. La gente pierde archivos todo el tiempo. No tiene que significar nada más que sería una buena idea hacer una copia de seguridad de mis archivos.

Chana: ¿Qué más es cierto?

Karla: Mi pensamiento se centró en juzgarme a mí y a mi vida en lugar de resolver el desafío que tenía frente a mí. Y me llevó a comer helado… que creo que nunca volveré a comprar. Si no está allí, es más probable que haga indagación la próxima vez.

Chana: ¡Suena como algo valiente!

Karla. Sí. ¡Gracias!

Escapar del dolor puede sentirse bien a corto plazo, pero nos priva de la oportunidad de aprender y crecer más allá de nuestras creencias limitantes que nos hacen sentirnos pequeños y a comportarnos de una manera que nos causa más sufrimiento. Identificar **Agresiones y Adicciones,** detenerlas en seco y cuestionar las creencias que nos llevaron allí es la salida más audaz de la montaña rusa.

Identifica **El Bucle de *Adicción y el Torbellino de Agresión*** cuando estás consistentemente usando tus "drogas" de elección o participando en un comportamiento perjudicial para evitar el dolor causado por creencias no examinadas. Ten la valentía de enfrentar tu dolor e identifica las creencias falsas que lo alimentan.

Descarga una hoja de trabajo de **El Bucle de Adicción y el Torbellino de Agresión** de la **Sección de Bonos Gratis** de mi página web:

Hold.ChanaMason.com/bonus

Un Nuevo Par De Lentes:
VOLCANDO TU SUFRIMIENTO

A menudo se dice "ver para creer", pero en muchos casos, lo contrario también es cierto. Creer resulta en ver.

—Donald L. Hicks

Cuando cambias tu conciencia, ves la realidad con una luz completamente diferente. Si estás alineado con tu verdad, esa luz brilla mucho más, pero también puede ser deslumbrante. ¿Cómo? Tendrás que enfrentar todos los lugares donde tus falsas creencias te han llevado a comportarte de manera deshonesta, desconsiderada, astuta, o francamente malvada. Eso puede doler. Al mismo tiempo, enfrentar tus demonios y asumir la responsabilidad de ellos, puede ser el acto más liberador, honorable y de creación de autoestima que jamás realizarás. En esta sección, profundizaremos en cómo puedes cambiar tu perspectiva, actuar sobre nuevos entendimientos y construir una vida alineada con tu yo más elevado.

El Pequeño Trol Verde

Una criatura traviesa que expresa tus pensamientos negativos y tiene una debilidad por los snickers.

> *La próxima vez que tengas*
> *un pensamiento... déjalo ir.*
>
> —Ron White

Samantha sintió como si se estuviera volviendo loca porque su pequeño Alex que a menudo, interrumpía su sueño. Varias veces durante la noche, se arrastraba hasta su cuarto y lloraba por atención. Quería agua, necesitaba ir al baño, estaba asustado, quería leche, y ¡quién sabe que más! Se despertaba exhausta y malhumorada todas las mañanas - al igual que Alex.

Chana: ¿Cuál es para ti, la parte más molesta de la situación?

Sam: Que sigue entrando en mi habitación. Ya debería estar durmiendo toda la noche.

Chana: ¿Te molesta más que esté entrando en tu cuarto o que no esté durmiendo toda la noche?

Sam: Lo que más me molesta es que me está despertando. ¡Quiero poder dormir!

Chana: Entonces tú crees que él no te debería despertar.

Sam: ¡Si! Ya casi tiene dos años. ¡Es suficiente!

Chana: ¿Puedes saber con absoluta certeza que es verdad que él no te debería despertar?

Sam: Si.

Chana: ¿Cómo reaccionas cuando crees eso?

Sam: Enojada. Esto suena horrible, pero quiero gritarle y lastimarlo. Tengo que contenerme de hacer eso. Y luego me siento culpable por ser tan mala mamá.

Chana: ¿Qué sensaciones surgen en tu cuerpo cuando crees que no debería despertarte?

Sam: Mi pecho se calienta y se tensa. Todo se tensa. Estoy tan brava; tan molesta.

Chana: ¿Qué no puedes hacer cuando crees en el pensamiento?

Sam: No puedo pensar con claridad. No puedo estar calmada.

Chana: ¿Puedes pensar en una razón que te de tranquilidad para mantener el pensamiento?

Sam: Me ayuda a concentrarme en llevarlo de vuelta a la cama.

Chana: ¿Eso te da tranquilidad?

Sam: No. Estoy gruñona todo el tiempo.

Chana: Entonces, ¿Puedes pensar en una razón que te de tranquilad para mantener el pensamiento de que el no debería despertarte?

Sam: Oh. No.

Chana: Ahora. Cierra los ojos y toma una inhalación lenta y profunda. Imagina que estás acostada en la cama y tu hijo acaba de entrar en la habitación. ¿Cómo estarías sin pensar que no debería despertarte?

Sam: Ni siquiera sé responder a esa pregunta. Él está ahí. Estoy tan enojada.

Chana: ¿Puedes mover el pensamiento al lado por un minuto? ¿Cómo se ve tu hijo sin el pensamiento?

Sam: ¿Cómo podría el pensamiento no estar allí? Está tan ahí.

A Sam le resultó difícil imaginar su vida sin el pensamiento, y no está sola; a menudo puede ser la parte más retadora en la Indagación. En esa situación, encuentro que usar una herramienta de imágenes ayuda, especialmente una de las creaciones de Sam.

Chana: Bueno. Quiero que te imagines que este pensamiento lo está diciendo una especie de criatura que está en el cuarto contigo. ¿Que ves?

Sam: **Un Pequeño Trol.** Es verde arveja, peludo y tiene orejas grandes.

Chana: Excelente. Imagínatelo tan claro como puedas. ¿A qué huele?

Sam: Huele a aguas residuales podridas. Asqueroso.

Chana: ¿Cómo suena su voz? ¿Es realmente vívida?

Sam: Si. De tono alto y nasal. No puedo dormir con él alrededor.

Chana: Pregúntale cuál es su comida favorita.

Sam: Ama los snickers.

Chana: Perfecto. ¿Puedes darle $100 y enviarlo a la tienda? Dile que puede comprar tantas barras de Snickers que quiera. ¡Puede comprar la tienda completa si quiere!

Sam: ¡Está tan emocionado, está cantando!

Sam está tan identificada con la creencia que se le dificulta imaginar que no está allí. Algunas personas sufren de imaginarse a sí mismas sin el pensamiento porque temen que les obligue a crear un vacío en sus mentes, lo que les resulta incómodo. Al formar al **Pequeño Trol Verde**, Sam literalmente "ve" el pensamiento dejándola sin la ansiedad del desapego o la necesidad de llenar el espacio con algo más. Recuerda, este ser personificado puede ser cualquier cosa desde un conejo hasta un hobbit, pero la imagen del Trol funcionó para Sam. ¿A quién le gusta tener un Trol alrededor?

Chana: Manda al Trol a la tienda en este momento y míralo irse con sus $100. Ahora son solo tú y tu hijo en la habitación. ¿Cómo estás sin el **Trol** allí?

Sam: Puedo ver a mi hijo. Es tan lindo y está luchando con mantenerse dormido. Yo estoy más relajada y puedo simpatizar más con él.

Chana: Ahora veamos qué tiene este pensamiento para enseñarte. Dale la vuelta. ¿Cuál es el opuesto, 180 grados de, "el no debería despertarte?"

Sam: Él debería despertarme.

Chana: Dame tres razones por las que eso es cierto.

Sam: Él depende de mí para todo, y está acostumbrado a pedirme ayuda cuando la necesita. La noche puede ser solitaria y aterradora, y él no se siente capaz de acostarse solo.

Chana: Bien. ¿Puedes darle otra vuelta?

Sam: Yo no debería despertarme.

Chana: ¿Cómo es eso cierto?

Sam: Oooh. Muchas veces digo que me voy a ir a la cama a las diez, pero me quedo despierta leyendo artículos o en mi celular hasta media noche.

Chana: Así que tú te estás manteniendo despierta.

Sam: Si. Incluso cuando Alex no tiene nada que ver con eso.

Chana: ¿Cuál es otra razón por la que no deberías despertarte?

Sam: Porque necesito descansar. Porque quiero dormir toda la noche.

Chana: ¿Qué más?

Sam: No lo sé.

Chana: Piensa específicamente en esta situación con Alex. ¿Cómo te estás despertando a ti misma?

Sam: ¡Ja!

Chana: ¿Por qué dijiste eso?

Sam: Me acabo de dar cuenta de que él despertándose tiene que ver conmigo. ¡Nunca aprendió a quedarse en la cama porque yo nunca le enseñé cómo! Nunca lo pensé de esa manera.

Chana: ¿De qué manera?

Sam: Nunca le enseñé a Alex a irse a dormir solo. Siempre lo alzaba, lo sacudía de lado a lado y lo cuidaba. No sabe cómo quedarse dormido, así que, si se despierta, viene a mí.

Chana: Si.

Sam: Al no enseñarle, lo preparé para despertarme. Lo estoy haciendo. ¡Me estoy despertando!

Chana: Eso es una perspectiva muy diferente.

Sam: Muy. Si quiero dormir toda la noche, tengo que enseñarle a Alex a hacerlo.

Chana: O podrías decidir, que es más importante para ti que Alex no tenga que irse a dormir solo.

Sam: Podría decidir eso. Pero al menos ahora sé que tengo una opción. Sé lo que puedo hacer.

Chana: Estás de vuelta en tus Asuntos.

Sam: Si. Se siente bien.

Al imaginar su creencia de ser la carcajada del **Pequeño Trol Verde**, Sam no solo fue capaz de disociarse de él, sino también de aligerar su reacción al respecto. He escuchado a otros profesionales decir que ofrecen otras herramientas de imágenes a sus clientes para ayudar a poner un pensamiento en espera. Se puede rociar con limpiacristales, mandarlo en un cohete, guardarlo en un cajón, enterrarlo en la tierra o escribirlo en una hoja de papel y aplastarlo con la mano. Encuentro la personificación no solamente útil, sino también juguetona y divertida; **El Pequeño Trol Verde** no es tan malo cuando está atiborrado de Snickers.

> Usa *El Pequeño Trol Verde* cuando estés teniendo dificultades para imaginarte viviendo sin el pensamiento que te está causando sufrimiento. Poner el pensamiento en la boca de una criatura, te ayuda a imaginar tu vida sin él.

Lecciones De Tu Oponente

Lecciones de tu Oponente: Comprender que los pensamientos que te causan sufrimiento también te enseñarán tus lecciones de vida más importantes.

> *Un pensamiento sutil que es erróneo puede igualmente dar lugar a una indagación fructífera que puede establecer verdades de gran valor.*
>
> —Isaac Asimov

Grandes filósofos, líderes religiosos y místicos hablan de la libertad, la paz, y la serenidad que provienen de un plano de consciencia desprendido y alegre. Algunos dicen que ganamos serenidad simplemente haciendo a un lado los pensamientos. La Indagación no trata una creencia estresante como un oponente que debemos que evadir o dominar; en cambio, invitamos al pensamiento a habitar completamente en nuestro espacio por un tiempo e invitamos a que nos enseñe sus lesiones. Al igual que cada circunstancia y persona con la que nos encontramos nos ofrece la oportunidad de aprender y crecer, los pensamientos mismos pueden ser nuestros mejores maestros. La Indagación nos entrena a volvernos activos, observadores que cuestionan su pensamiento, en lugar de víctimas pasivas.

Linda luchó contra la depresión y voló dentro y fuera de las oficinas de los terapeutas, sin encontrar nunca el alivio que estaba buscando. La mayoría de las sesiones con clínicos la dejaron sintiéndose peor que cuando entró. Ella estaba curiosa por ver si la Indagación podría llevarla en una dirección diferente. Lo primero en lo que quería trabajar era su relación con su madre.

Linda: Simplemente no puedo superarlo.

Chana: ¿Qué no puedes superar?

Linda: Que mi mamá no me ame.

Chana: Tu mamá no te ama. ¿Es eso cierto?

Linda: Si.

Chana: ¿Puedes saber con certeza que eso es verdad?

Linda: Es obvio.

Chana: ¿Y cómo reaccionas cuando crees que ella no te ama?

Linda: Quiero encerrarme en el rincón más oscuro de mi sótano y desaparecer. No quiero hablar con nadie.

La Anatomía de la Retroalimentación nos muestra que, si un pensamiento nos hace apagarnos, podemos saber que no es cierto. Dicho esto, tu cerebro continuará ignorando lo hechos o torciendo la realidad para adaptarse a tu sesgo hasta que explores otras formas de creencia. Es ahí cuando tu mente cambiará su percepción y revelará todo lo que no habías visto antes; en otras palabras, tendrás uno de esos momentos "¡aja"!

Las lecciones de un pensamiento residen en sus opuestos, lo que Byron Katie llama Giros. Un pensamiento es como un cristal con muchos lados: en cada dirección, las refracciones de la luz revelan destellos de verdad dados vuelta a lo que inicialmente creíamos que eran. Las emociones de Linda son delicadas. Se ha hundido en un lugar oscuro, y no es necesario ni saludable para ella pasar demasiado tiempo allí. Saltemos directamente a los Giros:

Chana: ¿Qué es lo contrario al pensamiento de que tu madre no te ama?

Linda: ¿Mi mamá si me ama?

Chana: Para aprender completamente de un giro, debes darle a tu mente el espacio para encontrar pruebas y dejar que salgan a la superficie. Mira lo que surge cuando te pregunto: ¿Cómo es este nuevo pensamiento tan verdadero o más verdadero que tu pensamiento original?

Linda: Um…Supongo que no me arrojó a un basurero.

Chana: Bien. ¿Qué más?

Linda: Ella me compró ropa, me limpió el trasero, me dio de comer.

Chana: Y…

Linda: Umm… Me compra regalos.

Al igual que un butaco necesita al menos tres patas para pararse, necesitas al menos tres razones sólidas que respalden un nuevo pensamiento. Si estás tratando de volcar una creencia particularmente insidiosa, te recomiendo que busques aún más. Al buscar pruebas, sé creativa, permítete usar un lenguaje figurativo, y lo más importante sé honesto.

Chana: Detente por un minuto y piensa en una ocasión en la que ella te dio un regalo de cumpleaños. Nota lo que tienes que hacer para creer que ella no te ama mientras te lo está entregando.

Linda: Ooof. Es bastante malo. Ni siquiera permito el contacto visual. Estoy pensando en cómo está tratando de comprar mi afecto y manipularme.

Chana: Ella no podría estar amándote con el regalo, ¿verdad?

Linda: No. Probablemente ni siquiera le agradecí.

Chana: Borra el "probablemente".

Linda: Correcto. No le agradecí. Eso se siente terrible.

Chana: ¿Qué quieres hacer?

Linda: Debería agradecerle. No sé si alguna vez le he agradecido mucho por algo…

Linda reconoció que para que su depresión empezara a tomar vuelo, necesitaba convertirse en una participante activa de su vida, en lugar de ser una víctima de sus circunstancias. El primer paso que dio Linda fue escribir una carta de agradecimiento a su mamá por todo lo que había hecho por ella. Ella programó este importante paso en su calendario para más tarde esa noche.

El pensamiento mi madre no me ama contiene muchas lecciones que pueden revelarse al afirmar lo contrario. Darles la vuelta a los pensamientos puede pasar al voltear el sujeto, el objeto, o el verbo de cualquier declaración. En el caso de Linda, se le ocurrió:

1. Mi madre si me ama.	Niega el verbo
2. Mi madre no me odia.	Di el opuesto del verbo
3. Mi madre no se ama a ella misma.	Di el opuesto del objeto
4. Yo no me amo.	Di el opuesto del sujeto
5. Mi pensamiento no me ama.	Reemplaza el sujeto con mi pensamiento (es decir, el asiento de todos los pensamientos que se me presentan)
6. Yo no amo a mi madre.	Di el opuesto del sujeto y del objeto (y posiblemente del verbo)
7. Mi madre no me ama y está bien.	Agrega y eso está bien a la declaración original

No todas las declaraciones opuestas resuenan como lógicas o verdaderas. Observa cómo se siente un nuevo pensamiento en tu cuerpo. Ten en cuenta que una reacción intensa, incómoda o instintiva, a menudo puede indicar que darle una vuelta tiene poderosas lecciones que enseñarte que requieren que asumas responsabilidad o te enfrentes a una fea verdad sobre ti mismo (que a veces puede ser insoportable).

Es importante aclarar el giro #5 porque el concepto de separar nuestra esencia de nuestro "pensamiento" no es evidente de inmediato. Nuestro pensamiento está ahí para servirnos, pero cuando nos alimentan pensamientos como: "mi mamá no me ama," "soy un perdedor", o "nunca haré nada con mi vida", entonces está funcionando completamente en contra de nosotros. Queremos recordarnos que nuestro pensamiento debe estar bajo nuestro control, no al revés. Cuando Linda altera, "no me amo" por "mi pensamiento no me ama", puede reconocer lo cruel que la está tratando su pensamiento.

Las vueltas o giros, también pueden ser metafóricos. En el capítulo **Debería Pertenece al Inodoro,** Sandy se dio cuenta de que ella, como los terroristas en Jerusalén, estaba "apuñalando" a otras personas al comportarse con desconfianza hacia sus amigos e imaginarse apuñalamientos cientos de veces en su mente. Su creencia de que "la gente no debería apuñalar a otra" solo sirvió para hacer que estuviera enojada y se pusiera violenta mientras que lo que ella buscaba era la paz mundial.

A medida que tengas más experiencia con los giros, aprenderás que no siempre tienen que ser el opuesto perfecto de la declaración original. El giro #7 de la tabla es el ejemplo perfecto. Añadir, "y eso está bien", no revierte una declaración original; más bien, invalida la implicación que el creyente es incapaz de aceptar su verdad.

Chana: Dame tres razones de que es cierto que tu madre no te ama y que está bien.

Linda: Bueno, he vivido 32 años creyendo que no me ama y he sobrevivido.

Chana: ¿Qué más?

Linda: A ella le gusta comprar cosas, así que me da regalos. Preferiría que pasáramos tiempo de calidad juntas, pero igual me ama a su manera, e incluso si no siento el amor, recibir los regalos es mejor que rechazarlos por completo. Me siento mejor.

Chana: ¿Puedes darme una razón más por la que tu madre no te ama y está bien?

Linda: Um...yo... lo estoy intentando, pero yo...realmente no puedo creer eso. No puede estar bien.

Linda está atascada. Ella no quiere vivir en una realidad en la que su mamá no la ama. Un viaje al **Cajero Automático** puede ayudarnos a descubrir el por qué.

Chana: Quiero que completes esta oración: tu madre no te ama **y eso significa**...

Linda: Significa que hay algo mal conmigo. Que no me pueden amar.

Chana: ¿Algo más?

Linda: Que no puedo seguir adelante. Que el mundo se vendría abajo a mi alrededor.

Chana: Y...

Linda: Que no sería digna. Ugh, ¡esto esta tan jodido!

Chana: ¿Qué está jodido?

Linda: Todo esto. Es como si su amor sostuviera mi existencia entera.

Chana: ¿Realmente crees eso?

Linda: Bueno… ¿qué acabas de preguntar?

Chana: ¿Qué recuerdas?

Linda: Algo sobre mí creyendo que su amor me sostiene.

Chana: ¿Tú crees eso?

Linda: Oh. Espera… eso significaría que solo las personas cuyas madres los aman seguirían con vida. Pero eso no es cierto. Mi amiga Janet amaba a su hijo con toda su alma, e igual murió de cáncer. Y hay madres demasiado drogadas como para reconocer a sus hijos, y muchas de ellas de todas maneras sobreviven.

Chana: ¿Entonces qué significa eso?

Linda: Supongo que algo está sosteniendo mi existencia que no tiene nada que ver con mamá.

Chana: ¿Cómo te sientes?

Linda: Bastante bien en realidad. Porque aquí estoy, y ya vi que mi mamá si me ama de muchas maneras. Incluso cuando no lo hace, sigo existiendo. Es agradable si me ama, pero puedo estar bien sin eso.

Chana: ¿Qué significa eso?

Linda: Se siente menos desesperante. Ahora lo entiendo: ella no podía amarme, y eso está bien. Apuesto que hay momentos en que la vuelvo loca con mi obsesión teatral o mis novios locos y ella no se siente tan cariñosa en esos momentos. Y yo estoy bien. Si soy honesta conmigo misma, el mundo no se me viene abajo.

Chana: ¿Y qué hay de tu madre?

Linda: Ella está haciendo lo suyo y yo lo mío.

Chana: ¿Cómo te sientes?

Linda: Bien, en realidad. No necesito que ella me ame, pero puedo elegir aceptar el amor que ella me da. Me gusta eso. Me siento calientita por dentro.

Linda podría haber querido borrar el pensamiento de que su mamá no la ama y vivir en el lugar del no pensar, pero no habría sido realista para ella hacerlo. Aristóteles decía "La naturaleza aborrece el vacío" y la mente humana es bastante similar. Para que Linda viviera sin su creencia original, primero necesitaba aprender de ella reemplazándola con otras que construyeran su compasión, autoaceptación y felicidad.

La incomodidad de Linda se basaba en la creencia de que necesitaba el amor de su madre. Esta necesidad le causó pánico porque, inconscientemente, estaba consciente del hecho de que el afecto humano no es estático y que su madre no viviría para siempre. La mejor **Lección de su Oponente** - mi madre no me ama - fue darse cuenta que estaba bien con o sin el amor de su mamá. Se liberó para disfrutar cualquier amor que viniera o se le cruzara en el camino.

Recoge las *Lecciones de tu Oponente* cuando quieras romper las cadenas creadas por el pensamiento falso. Los opuestos de las creencias que causan tu angustia te enseñarán como vivir con integridad con tus valores.

Descarga una hoja de trabajo de **Lecciones de tu Oponente** de la **Sección de Bonos Gratis** de mi página web:

Hold.ChanaMason.com/bonus

Superhéroe En Acción

Una persona que vive entendiendo que nuestro pensamiento está cementado por nuestras acciones, tanto como nuestras acciones son el resultado de nuestras creencias.

> *¿Quieres saber quién eres? ¡No preguntes!*
> *Las acciones te delinearán y te definirán.*
> —Thomas Jefferson

Nuestras creencias son los productos de redes neuronales fortalecidas a través de la repetición, evidencia y comportamiento de refuerzo. Digamos que el niño Johnny, mientras aprende a caminar, escucha "que torpe" cada vez que se cae. Esa repetición puede arraigar la creencia de que es torpe, e interpretará cada error de ahí en adelante a través de ese lente y lo usará como evidencia adicional de su torpeza. A través de los años, las conexiones neuronales en torno a la creencia se vuelven más gruesas y fuertes, alentándolo aún más a saltar a "soy torpe" cada vez que busca comprender una situación en la que su cuerpo no funciona perfectamente.

Lo que cimienta completamente la creencia en la mente de Johnny es la **Acción**. Tal vez no probará jugar al fútbol cuando sea bueno, o dudará en aprender a cocinar porque tiene miedo de manipular utensilios peligrosos en la cocina. Quiere creer que su comportamiento está justificado, por lo que reforzará aún más la idea de que es torpe con otros pensamientos como "no soy coordinado", "nunca he sido bueno en los deportes", o "cocinar no es mi fuerte". La **Acción** tiene el doble efecto de fortalecer las conexiones neuronales originales y construir una red de creencias a su alrededor, una verdadera **Torre de Babel.**

Ofrecer al menos tres pruebas que sostengan un giro, fortalece una nueva vía neuronal, y cuánto más apoyemos esta perspectiva alternativa, más arraigada se volverá. Después de completar una Indagación, podemos buscar diariamente más evidencia. Johnny puede reforzar el giro, "no soy torpe", al notar todas las cosas que hace eficazmente cada día, como conducir su carro al trabajo, comer sin derramar su comida y doblar su ropa en montones ordenados. También puede tomar **Acción** probando deportes y cocinando la cena. Johnny también puede crear una **Torre de Beneficios** para respaldar su nuevo entendimiento con pensamientos como "los deportes implican mucha prueba y error", "Nadie mete la pelota en la portería la primera vez."

En **Lecciones de tu Oponente**, Linda estaba lidiando con la creencia de que su madre no la amaba. Su giro número 4, "yo no me amo", resultó particularmente importante.

Chana: ¿Puedes decirme algunas formas en las que no has sido muy amorosa contigo misma?

Linda: Bueno… Me encantan los baños de burbujas, pero tomo uno tal vez una vez al año. A menudo estoy agotada a las 10 pm, pero me mantengo despierta una hora más doblando ropa limpia o algo así. Y…nunca uso la joya que mamá me ha dado. Está guardada en un cajón por ahí. En realidad, es bastante bonita.

Chana: ¿Cómo te sientes cuando no te amas a ti misma?

Linda: Duele mucho. Culpo a mi madre por no amarme, pero incluso cuando me da amor, se me ocurre alguna historia sobre cómo está tratando de manipularme. Es tan triste.

Chana: Entonces, ¿cómo te gustaría tratarte?

Linda: Cariñosamente. Quiero amarme a mí misma.

Chana: ¿Qué Acción puedes tomar para que eso funcione?

Linda: En primer lugar, puedo tomar un baño de tina esta noche en lugar de una ducha. Si no veo ese estúpido programa de policías, puedo fácilmente hacer el tiempo. Puedo hacer eso todas las semanas. Wow.

Chana: ¿Por qué dijiste, "Wow?"

Linda: Me siento bien. Pensé que el amor sería tan difícil, que tendría que trabajar duro para conseguirlo, pero tomar un baño es muy fácil y va ayudar mucho.

Chana: ¿Qué más te gustaría hacer?

Linda: Irme a la cama más temprano. ¿Pero cómo?

Chana: ¿Cómo crees?

Linda: Esto es vergonzoso. Mis hijos ya son adolescentes. Pueden doblar su propia ropa y preparar sus propios almuerzos para el colegio. Supongo que, si lo hicieran, me estarían amando más. Y probablemente, haciendo que se amen más a sí mismos porque podrían elegir lo que comen en lugar de molestarme por lo que no les gusta.

Chana: ¿Por qué sonreíste?

Linda: Esto es genial. Estoy haciendo menos y me siento mejor. ¡Es revolucionario! Bueno. ¿Qué más puedo hacer?

Chana: ¿Cuál es tu respuesta a esa pregunta?

Linda: Puedo usar las joyas de mamá. Las pocas veces que he usado una, he recibido toneladas de cumplidos. Sólo imaginándome usando el collar de perlas que me regaló para mis 30 años se siente bien. Es como si estuviera envuelta en su amor todo el día.

Chana: ¿Por qué dices eso?

Linda: Acabo de pensar, cuánto tiempo, pensamiento y esfuerzo mi mamá probablemente dedica a comprar estos regalos. Apuesto a que cada año se esfuerza aún más, esperando que esta vez esté contenta con lo que me da. Otra cosa que puedo hacer es usarlos, agradecerle y contarle los cumplidos que recibo. Apuesto a que ella también se sentiría amada por eso.

Chana: Me gustaría que cerraras los ojos e imaginaras que es mañana. Tus hijos ahora son responsables por su ropa y sus almuerzos escolares, has tomado un largo baño de burbujas y llevas puesto el collar de perlas. ¿Cómo te sientes?

Linda: Me siento calientita por dentro, llena de luz, emocionada por el día. Lo más importante es que me siento agradecida por las personas en mi vida. Es bueno.

Chana: ¿Qué pensamientos, si hay alguno, te vienen a la mente?

Linda: No es tanto un pensamiento, sino un sentimiento. Me siento calientita y solo… bien por dentro. Me siento amada. Todo me gusta más. La vida está bien; estoy bien. Si pudiera ponerlo en palabras, sería, "te amo".

Como producto de participar en comportamientos amorosos, Linda creó una **Torre de Beneficios** llena de pensamientos de amor y aceptación. Convertirse en un **Superhéroe de Acción** dio forma a cómo se veía a sí misma y el mundo a su alrededor. Jefferson dice que la **Acción** nos define porque no solo juzgamos a los demás por lo que hacen, sino que evaluamos nuestro carácter, capacidades y motivos por nuestras **Acciones**. Construir apoyo para nuestras creencias es un gran comienzo, pero lo que trae paz y alegría duraderas es actuar en alineación con la verdad.

> Eres un ***Superhéroe en Acción*** cuando integras las lecciones que los giros te enseñan. Actuar sobre esas lecciones las martilla a casa y te hace un ser humano más honesto, compasivo, y concentrado en los valores.

Descarga una hoja de trabajo de **Superhéroe de Acción** de la **Sección de Bonos Gratis** de mi página web:

Hold.ChanaMason.com/bonus

Epílogo

La indagación es un proceso continuo de exploración de los pensamientos que impulsan nuestros sentimientos, nuestra fisiología y nuestras acciones. Mientras más tiempo nos permitamos pelar las capas de las creencias inconscientes, más feliz, pacífico y amoroso será nuestro mundo.

Espero que las herramientas de este libro te ayuden en tu proceso de sanación y te asista en ayudar a otros encontrar su felicidad. ¡Me encantaría escuchar sobre tu experiencia usando estas herramientas, o cualquier otra que hayas recopilado tú mismo! Déjame una línea o dos o veinte en **chanamason@gmail.com**.

También me gustaría tomarme el tiempo para agradecer a aquellos que han sido monumentales en mi camino. Gracias a Joan y a Chaya por la profunda sanación del alma. A Noga, Miriam, Batsheva, Nava, Leah, Chaya, Malka Sima y Ayo por ser mis cómplices. A Shimi, por su magnífica guía. A Kaley y Rebecca por su retroalimentación y hermandad. A mis clientes (ustedes saben quiénes son) por florecer de forma tan hermosa frente a mis ojos y por reflejar las lecciones que necesito aprender. Al Santo, por bendecir mi vida incluso cuando no soy agradecida. Y a Dave y a Aryeh Lev por su infinita paciencia, amor y confianza.

Bibliografía

Byron Katie ofrece muchos recursos, desde grabaciones de docenas de diálogos, hasta hojas de trabajo, libros y cursos en su sitio web **TheWork.com**.

Noga Hullman es una amiga cercana y mentora. Ella me introdujo a Byron Katie y ha sido una enorme ayuda dándome ideas y apoyo durante este libro. Ayuda a madres a encontrar paz mental y crecimiento personal dentro de cada experiencia de crianza. Conócela en **NogaHullman.com**

Eckhart Tolle con sus libros y sus charlas, que tienen el elegante poder de elevar tu conciencia con solo estar en presencia de sus palabras. Puedes encontrar conferencias, libros y otros recursos en **www.eckharttolle.com**.

Sydney Banks es un filósofo Escocés que creó el proceso de desenredo de nuestros pensamientos erróneos llamado *Los Tres Principios*. Mira y aprende en **SydBanks.com**.

T Harv Eker en su libro *Secretos de La Mente Millonaria*, ayuda a las personas a reelaborar su pensamiento sobre el dinero y el éxito.

Stephen Covey y su libro *Los 7 Hábitos de Gente Altamente Efectiva* a menudo se usa como referencia en mi casa cuando consideramos cómo queremos tratarnos y relacionarnos con el mundo en general.

Barry Neil Kaufman y el *Proceso de Opción* requiere un poco de trabajo para aprender, pero vale la pena. Leer *Amar es Ser Feliz Con* es un excelente lugar para comenzar. Para tener una idea de sus diálogos, te recomiendo leer *Pasos Gigantes*, que puedes encontrar en su sitio web **Option.org**.